आचार्य महाप्रज्ञ
की जीवनी

जिनेंद्र कुमार कोठारी

ट्रू साइन

प्रकाशक : ट्रू साइन पब्लिशिंग हाउस
पता : SY.N0.21/2 & 21/3, सोननहल्ली,
कृष्णराजपुरा, बेंगलुरु, कर्नाटक - 560049 भारत
ईमेल : truesignbooks@gmail.com
वेबसाइट : www.truesign.in

आचार्य महाप्रज्ञ की जीवनी

लेखक: जिनेंद्र कुमार कोठारी

ISBN: 978-93-5584-642-6

संस्करण: 2023

सहज योगी - आचार्य महाप्रज्ञ

आचार्य महाप्रज्ञ २० वीं एवम् २१ वीं शताब्दी के प्रथम दशक तक अध्यात्म दर्शन एवं संस्कृति का जीवंत उदाहरण। विश्व शांति, अहिंसा एवं सद्भाव निर्माण के लिए जिन्होंने अपना जीवन समर्पित किया, वे जैन धर्म - तेरापंथ धर्मसंघ के दशम आचार्य थे, लेकिन जन-जन के धार्मिक प्रेरक थे।

जीवन के प्रत्येक पहलू में, अहिंसा - नैतिक आचरण एवं अपरिग्रह का कैसे व्यवहारिक रूप में प्रयोग हो, किस तरह से धर्म- अध्यात्म को विज्ञान से समन्वित किया जाए, प्राचीन भारतीय ज्ञान एवं ध्यान पद्धति को आधुनिक संदर्भ में किस रूप में प्रस्तुत किया जाए, शिक्षा में शारीरिक- बौद्धिक शिक्षा के साथ-साथ भावनात्मक रूप से विद्यार्थी को कैसे मजबूत किया जाए, व्यक्ति से परिवार- परिवार से समाज एवम् समाज से राष्ट्र की कड़ी स्वस्थ व रचनाशील बने, इन सभी लक्ष्यों को लेकर आचार्य श्री महाप्रज्ञ जी ने जीवन भर कार्य किया, अपनी शक्ति का नियोजन किया और लक्ष्य प्राप्ति के लिए जीवन के नवम दशक तक समर्पित रहे।

महान व्यक्ति के तीन लक्षण माने गए हैं, प्रथम- चिंतन में उदारता, द्वितीय- व्यवहार में मानवीयता, तृतीय- सफलता में विनम्रता,यह तीनों ही गुण आचार्य श्री महाप्रज्ञ जी में आत्मसात हो गए थे। वे अपने ज्ञान एवं साधना के द्वारा जन-जन के आराध्य बने, उनकी जीवन शैली निर्मल- निश्चल- पवित्र - दिखावा रहित एवं हृदय की ऋजुता से भरी हुई थी।

सहज- सरल - सौम्य - हरदम मुस्कुराता हुआ चेहरा, वाणी में गंभीरता, लंबा एवं संपुष्टि प्रमाण देह, चारों और पवित्र आभालय का आवरण, यह था आचार्य श्री महाप्रज्ञ जी का शारीरिक गठन।

आचार्य महाप्रज्ञ जी इस बात का प्रमाण थे, व्यक्ति अपनी मेहनत के बल पर, अपनी प्रतिभा को तराश कर, अपने क्षेत्र की ऊंचाइयों को छू सकता है। एक ग्रामीण परिवेश में जन्मे जिसने स्कूल शिक्षा को कभी **ग्रहण नहीं किया**, वह व्यक्ति अपने समर्पण एवं मेघा के बल पर धर्म-अध्यात्म- दर्शन का अप्रतिम उदाहरण बन गए।

जन्म - बाल्य काल

आचार्य महाप्रज्ञ जी का जन्म, भारत के राजस्थान प्रांत के पश्चिमी क्षेत्र - चुरू जिले के टमकोर में, 14 जून 1920 सोमवार के दिन (विक्रम संवत 1977, आषाढ़ कृष्ण त्रयोदशी)

को, सायं लगभग ४.४० मिनिट पर, श्रीमती बालू जी की कुक्षी से हुआ। आपके पिताजी का नाम श्री तोलाराम जी चौरडिया था। आपका जन्म खुले आकाश के नीचे हुआ, जिसे इस बात का प्रतीक मान सकते हैं कि जन्म से ही आप मुक्तिपथ गमन हेतु प्रस्तुत रहे।

आपका जन्म नाम इंद्रचंद रखा गया, किंतु कुछ कारणों से उसे परिवर्तित कर नथमल नाम रखा गया। उस समय- उस काल में शिशु को दीर्घजीवी बनाने के लिए, आपके नाक में छेद कर, उसमें नथ पहनाई गई, नथ पहनाने के कारण बालक का नाम नथमल रखा गया। आपकी दो बहनें भी थीं, जोकि आपसे वय में बड़ी थीं। आपके दो अग्रज भाई अल्प अवस्था में ही काल कवलित हो गए थे, इसलिए संपूर्ण परिवार का स्नेह एवं दुलार आपके ऊपर अत्यधिक रहा।

आपके पिताजी श्री तोलाराम जी बहुत धार्मिक एवं सरल व्यक्ति थे। श्री तोलाराम जी को पूर्वाभास हो गया था, उन्होंने बालक नथमल के जन्म से पूर्व ही अपनी धर्मपत्नी को कह दिया था, "तुम पुत्र को जन्म दोगी पर मैं नहीं रहूंगा।" और सचमुच ऐसा ही हुआ, जब बालक लगभग ढाई मास का हुआ, तभी उसके सिर से पिता का साया उठ गया। आचार्य महाप्रज्ञ जी बहुधा फरमाया करते थे, "मुझे वह ढाई मास की स्मृति अभी भी है और मैंने मेरे पिता को देखा है ऐसा मुझे स्मरण है।" आचार्य महाप्रज्ञ जी बताया करते थे कि जन्म के दो-तीन वर्ष तक मुझे अन्न दिया ही नहीं गया था, दूध और फल पर ही रखा गया था। मेरी माता जी और बड़ी बहन का यह कहना था कि इससे हड्डियां मजबूत बनती हैं।

बालक नथमल की माता बहुत ही समझदार एवं व्यावहारिक थीं। वह जमाना भी सस्ती वाडी का था एवं मानवीय आवश्यकताएं भी सीमित थीं। अतः आर्थिक रूप से परिवार पर कोई बोझ नहीं पड़ा, लेकिन घर में पुरुष का ना होना, सामाजिक व्यवस्था में कठिनाई अवश्य पैदा करता है। बालू जी अपने परिवार सहित अपने पीहर चली गईं एवं जब बालक लगभग ३-4 वर्ष का हुआ तब पुन: टमकोर आ गईं। माता बालू जी धार्मिक विचारों वाली महिला थीं। प्रतिदिन रात्रि में जल्दी उठकर सामायिक करना, माला फेरना, धार्मिक गीत **आदि** गाना नित्य **कर्म था**, बालक नथमल सोए-सोए भजनों को सुना करते थे और तभी से आचार्य भिक्षु के प्रति श्रद्धा के भाव यहीं से उत्पन्न हुए। मां बालू जी बालक नथमल को संस्कारी बनाने हेतु बहुत सजग थीं। जब तक बालक गांव में विराजित साधु - साध्वियों के दर्शन नहीं कर लेता, उसे सुबह का नाश्ता नहीं करातीं। सत्यवादिता पर बल दिया करतीं और जप करना सिखाती थीं।

उस समय स्कूली शिक्षा प्राय: नहीं के बराबर थी। छोटे गांवों में तो अभी तक शिक्षा का प्रकाश पहुंचा ही नहीं था। बालक नथमल विद्यालय अध्ययन से वंचित रहा, गांव के पंडित की पाठशाला में वर्णमाला और पहाड़े पढ़े। इसके अतिरिक्त सांसारिक जीवन में कोई शिक्षा प्राप्त नहीं की।

माता बालू जी बालक का बहुत ध्यान रखती थी एवं सदैव उसे सकारात्मक विचार की प्रेरणा ही देती थीं। बचपन में एक बार बालक नथमल ने अपनी आंखों पर पट्टी बांधी और चलने लगा, थोड़ा सा चला और दीवार से टकरा गया। ललाट पर चोट लग गई। खून बहने लगा। बालक रोता

- रोता मां के पास गया, मां ने बालक को कुछ उलाहना दिया, कुछ पुचकारा और पट्टी बांधकर बोली, "आज तुम्हारा भाग्य खुल गया है।" और सचमुच धर्म- दर्शन में जिस तीसरे नेत्र की बात करते हैं, यह माना जा सकता है कि आचार्य महाप्रज्ञ जी का ज्योति केंद्र उस चोट से खुल गया।

राजस्थान में उस वक्त गांव में शनिवार को तेल मांगने वाले साधु- संत आया करते थे जिन्हें 'तेलिया' कहा जाता था। एक दिन एक तेलिया बालक नथमल के घर आया, तब उनकी उम्र लगभग 8 वर्ष की थी और वह अपने घर के आंगन में साथियों के साथ खेल रहे थे। मां बालू जी कुछ बहनों के साथ बातचीत कर रही थीं। तेलिया ने कहा, "मां जी तेल दीजिए।"

बालू जी ने एक बहन को तेल लाने का निर्देश दिया, तेल लेकर बहन आतीं, उससे पहले तेलिया ने बालू जी से कहा, "मां तू बड़ी भाग्यवान है, घर के अहाते में जो तेरा बालक खेल रहा है वह बड़ा पुण्यशाली है और एक दिन राजा बनेगा।" मां बालू जी का चेहरा यह सुनकर खिल गया। आसपास बैठी महिलाओं ने भी कहा कि अच्छा और कोई बात बताइए। तेलिया ने एक बहन की ओर इशारा करते हुए कहा जो कि गर्भवती थी, "इस बहन के आज से 8 दिन बाद एक पुत्र का जन्म होगा।" अब महिलाओं में और उत्सुकता जागी, तेलिया ने मां बालू जी को कहा, " मां जी आपकी बड़ी बेटी आपकी सेवा करेगी।" और चौथी एक दुखद बात कि सातवें दिन आपके पड़ोसी के लड़के की मृत्यु हो जाएगी। यह बात सुनकर सभी बहनों को अप्रिय लगा और तेलीया अप्रियता की स्थिति देखकर तेल लेकर वहां से प्रस्थान कर गया। सात दिन पश्चात पड़ोस में रहने वाले अग्रवाल परिवार का 8 वर्षीय लड़का काल कवलित हो गया, उसके दूसरे ही दिन गर्भवती बहन ने एक पुत्र को जन्म दिया। तेलिया की दो भविष्यवाणियां सच हो गईं। अब उसे ढूंढने का प्रयास हुआ लेकिन उसका कहीं अता-पता नहीं लगा। बालू जी की बड़ी पुत्री माली भाई का विवाह हो चुका था, लेकिन संयोग ऐसा बना कि माली भाई के पति का आकस्मिक निधन होने से यह भी साध्वी बनी, साध्वी बनने के पश्चात उन्हें साध्वी बालू जी के साथ रखा गया और साध्वी बालू जी की साध्वी मालू जी ने अंत समय तक सेवा की, तेलिया की यह भविष्यवाणी कि तुम्हारी बड़ी पुत्री तुम्हारी सेवा करेगी, वह भी सत्य सिद्ध हो गई और इसी कड़ी में आगे 5 फरवरी 1995 को महाप्रज्ञ जी तेरापंथ धर्म संघ के आचार्य बने और तेलिया की यह चौथी भविष्यवाणी भी पूर्ण हो गई।

बालक नथमल जब लगभग नौ वर्ष के थे तब मेमनसिंह (वर्तमान बांग्लादेश) जहां उनकी पारिवारिक दुकान थी तथा कलकत्ता गए थे, यही उनकी पहली यात्रा थी।

यात्रा से आने के बाद बालक के जीवन में बड़ा परिवर्तन प्रतीक्षा कर रहा था। मुनि श्री छबील जी स्वामी, जो तेरापंथ धर्म संघ के विशिष्ट संत थे, का चातुर्मास टमकोर में हुआ। उस वर्षवास में बालक नथमल के मन में वैराग्य के अंकुर निकले, मुनि मूल जी स्वामी ने भी इसमें प्रयास किया। इसी समय बालक नथमल के चचेरे भाई श्री माहौल चंद जी चौरसिया का आकस्मिक देहावसान हो गया, इससे भी बालक के अंतर्मन में एक चोट लगी और वैराग्य भाव पुष्ट हुआ।

बालक नथमल दीक्षा के लिए तैयार हो गया, दीक्षा की भावना लेकर अपनी मां से कहा, "मैं मुनि बनना चाहता हूं।" मां ने कहा, "मैं भी साध्वी बनना चाहती थी, किंतु तुम अभी छोटे हो इसलिए मैंने मौन रखा।" पुत्र की वैराग्य भावना से मां की दीक्षा का रास्ता भी साफ हो गया। मां और पुत्र दोनों का लक्ष्य एक हो गया। कालांतर में अनेक पत्रकारों ने श्री महाप्रज्ञ जी से पूछा कि आप मुनि कैसे बने? श्री महाप्रज्ञ ने कहा, "बस कोई नियति थी।" 'नियति' के इन तीन अक्षरों के अलावा मेरे पास इसका कोई उत्तर नहीं है।

बालक नथमल ने अपने काका जी श्री बालचंद जी के सामने अपनी भावना रखी, जो उस समय गांव में घर - परिवार की देखरेख करते थे। श्री बालचंद जी ने बाल भावना समझकर "फिर सोचेंगे" यह कहकर बात को टाल दिया।

कुछ समय बाद श्रीमान श्रीमती मालू जी ने अपने देवर पन्नालाल जी से कहा, हमें आचार्य श्री के दर्शन करने हैं। उस समय तेरापंथ के अष्टम आचार्य पूज्य कालू गणी, गंगाशहर में चातुर्मास कर रहे थे। तीनों ने दर्शन किए और प्रवचन कार्यक्रम के मध्य खड़े होकर बालक नथमल ने दीक्षा की प्रार्थना की, उधर बालू जी भी खड़ी हो गईं और इस तरह विक्रम संवत 1987 कार्तिक महीने में पूज्य कालूगणी ने दोनों को साधु प्रतिक्रमण सीखने की आज्ञा प्रदान कर दी। साधु प्रतिक्रमण दीक्षा लेने की दिशा में प्रथम कदम होता है।

गंगा शहर में ही बालक नथमल ने प्रथम बार मुनि तुलसीराम जी (जो आचार्य श्री तुलसी बने) के दर्शन किए और प्रथम दर्शन से ही दोनों में तदम्य बना, यह गुरु शिष्य परंपरा की एक बेजोड़ घटना है।

गंगा शहर से दर्शन सेवा कर बालू जी आदि टमकोर आ गईं। वहां कुछ दिन रहकर, घर परिवार व्यवस्था का कार्य संपन्न कर मां और पुत्र, दोनों कालू गणी के दर्शन करने गए। कालू गणी उस वक्त भादासर गांव में विराजमान थे। बालक नथमल ने कालूगणी से प्रार्थना कि मुझे दीक्षा का आदेश दें। कालूगणी ने फरमाया- दीक्षा कौन लेगा? बालक नथमल ने कहा, "मैं और मेरी मां।" कालूगणी ने कहा- पहले तुम ले लो तुम्हारी मां के लिए फिर सोचेंगे। बालक नाथमल ने कहा, "दोनों साथ ही लेंगे। मां को छोड़कर मैं दीक्षा नहीं लूंगा।" गुरुदेव ने यह बात दो-तीन बार दोहराई पर बालक नथमल अपनी बात पर कायम रहे। पूर्ण परीक्षा कर कालूगणी ने फरमाया - माघ शुक्ल दशमी के दिन,विक्रम संवत १९८७ को तुम दोनों की दीक्षा होगी।

दीक्षा से पूर्व दीक्षार्थी के कुछ सामाजिक उत्सव भी मनाया जाते हैं। दीक्षार्थियों के बनोले निकाले जाते हैं। श्रावक गण उन्हें अपने अपने घरों में आमंत्रित करते हैं। सभी सामाजिक प्रसंगों को करने का हेतु दीक्षार्थी की परीक्षा लेना भी है, कहीं सांसारिक लोभ बाकी तो नहीं है। राजस्थान के चुरू जिले के सरदार शहर कस्बे में बालक नथमल, माता बालू जी के साथ माघ शुक्ला दशमी,वविक्रम संवत १९८७ को मुनि नथमल बन गए।

मुनि जीवन

पूज्य कालू गणी ने नव दीक्षित मुनि नथमल को मुनि तुलसीराम जी के पास, प्रशिक्षण-संरक्षण के लिए भेजा। मुनि नथमल जी ने अपना प्रारंभिक मुनि ज्ञान, मुनि तुलसीराम जी, जो तेरापंथ धर्म संघ के नवम अधिशस्ता - आचार्य श्री तुलसी बने, के पास प्राप्त किया। मुनि नथमल जी का तुलसीराम जी के प्रति समर्पण एवं मुनि तुलसीराम जी का नथमल जी के प्रति अंतरंग वात्सल्य ने, दोनों के बीच एक अद्वैत भाव पैदा किया जो जीवन पर्यंत रहा।

प्रारंभ में मुनि नथमल जी की स्मरण शक्ति कमजोर थी। ग्रामीण परिवेश में पलने एवं स्कूली ज्ञान ना होने के कारण, उनका प्रारंभिक शिक्षण- प्रशिक्षण देखकर मुनि तुलसीराम जी भी चिंतित हो जाया करते थे और कहते थे कि तुम ऐसे कैसे सीख पाओगे? यह स्थिति लगभग 1 वर्ष तक रही लेकिन न मुनि तुलसीराम जी ने प्रयास छोड़ा और न ही मुनि नथमल समर्पण। एक वर्ष पश्चात स्थितियां बदलने लगीं और मुनि नथमल जी ज्ञान कंठस्थ करने में अग्रणी हो गए।

पूज्य कालूगणी की आप पर असीम कृपा थी और वह स्वयं मुनि नथमल जी की विकास गति पर नजर रखते थे। आचार्य महाप्रज्ञ जी फरमाया करते - पूज्य कालूगणी में वात्सल्य भी शत-प्रतिशत था और अनुशासन भी शत-प्रतिशत। पूज्य कालूगणी का जिसके प्रति विश्वास हो, उस पर कृपा भी बहुत रखते थे। एक दिन सर्दी के दिनों में मुनि नथमल जी, मुनि तुलसी राम जी के लिए होम्योपैथिक दवाई लेने लाडनू में श्रावक के घर गए थे। कालूगणी ने मुनि नथमल को न देखकर पूछा कि कहां गए है। संतों ने बताया- मुनि तुलसी राम जी के लिए दवा लेने गए हैं। पूज्य प्रवर ने कहा, "सर्दी बहुत है जाओ देखो कंबल ओढ़ कर गया या नहीं।" मुनि श्री नथमल जी की वस्तुओं में कंबल मिल गया।संत बोले- कंबल यहीं पड़ा है! तो तुरंत संतों को निर्देश दिया - तुम कंबल साथ लेकर जाओ और उसे कंबल ओढ़ाओ। ये थी पूज्य कालूगणी की वात्सल्यता।

कालूगणी अनुशासन भी पूरा रखते थे। मुनि नथमल जी एवम् सभी नव दीक्षित छोटे साधु - संतों, को कैसे चलना है, कैसे साधु योग्य वस्त्र पहनने हैं, कैसे अक्षर लिखाई करनी है, कैसे चोल पट्टा पहनना है, कैसे व्याख्यान देना है, कैसे लोक व्यवहार करना है इत्यादि सभी बातें स्वयं सीखते थे। पूज्य कालूगणी कहानियों के माध्यम से, दोहे,गीतिका के माध्यम से, बात-बात में बोध देते थे।

मुनि नथमल जी ने दीक्षा के लगभग एक साल बाद विकास के तीन सूत्र निर्धारित किए।

प्रथम, मैं ऐसा कोई काम नहीं करूंगा जो मेरे विद्या गुरु को अप्रिय लगे। द्वितीय, मैं ऐसा कोई काम नहीं करूंगा जिससे मेरे विद्या गुरु को यह सोचना पड़े कि मैंने जिस व्यक्ति को तैयार किया वह मेरी धारणा के अनुरूप नहीं बन सका।

तृतीय, मैं किसी भी व्यक्ति के लिए अनिष्ट चिंतन नहीं करूंगा।

मुनि नथमल जी एवं नव दीक्षित बाल साधु गण, मुनि श्री तुलसीराम जी के संरक्षण में पढ़ाई करते थे। जिसे उस समय तेरापंथ धर्म संघ में 'तुलसी पोशाल' कहा जाता था। मुनि तुलसीराम जी के अध्यापन में अनुशासन एवं वात्सल्य दोनों ही थे। बाल मुनियों को अनुशासन कठोर लगता था। एक दिन मुनि श्री नथमल जी और मुनि बुद्ध मलजी, दोनों कालूगणी के पास गए और यह कहा कि मुनि तुलसीराम जी हम पर बहुत कड़ा अनुशासन रखते हैं। कालूगणी ने फरमाया **कि वह अनुशासन** तुम्हारी पढ़ाई **अर्थात** भलाई के लिए **ही लागू** करते हैं, अत: तुम्हारी यह बात नहीं मानी जाएगी। **उन्होंने** एक दोहे के माध्यम से शिक्षा दी -

हर डर गुरु डर गाम डर, डर करणी में सार।
'तुलसी' डरे सो उबरे, गाफिल खावे मार।।

इसका अर्थ है - भगवान से डरो, गुरु से डरो, गांव से डरो, डरना सार पूर्ण है। जो डरता है वह मर जाता है जो नहीं डरता वह मार खाता है। इस दोहे में जो "तुलसी डरे सो उबरे" उसका अर्थ मुनि नथमल जी और मुनि बुध मल जी ने यह निकाला कि मुनि तुलसी से डरने वाला उबर जाता है अपना उद्धार कर लेता है। वस्तुत: यही आचार्य तुलसी के प्रति आचार्य महाप्रज्ञ जी का समर्पण, उन्हें दर्शन और अध्यात्म के शिखर पर ले गया।

मुनि तुलसीराम जी, मुनि नथमल जी के अध्ययन के प्रति विशेष ध्यान रखते थे। इस बात का भी ध्यान रखते थे कि विद्यार्थी मुनि गण इधर-उधर की बातें ना करें, समय का सदुपयोग करें। मुनि नथमल जी की इसी वृत्ति का परिष्कार करने के लिए मुनि तुलसी ने बहुत वात्सल्य के साथ समझाया- अभी तुम ज्यादा बातें करोगे तो जीवन भर तुम्हें दूसरों के अनुशासन में रहना पड़ेगा। यदि इस समय अध्ययन करोगे तो बड़े होने पर स्वतंत्र हो जाओगे। यदि अध्ययन कम करोगे तो सबसे पीछे रह जाओगे। बातें कम और अध्ययन ज्यादा करोगे तो सबसे आगे निकल जाओगे। मुनि तुलसीराम जी की अनेक रूपों में कही गई इन बातों से महाप्रज्ञ जी के मन पर गहरा असर हुआ और मन में यह विश्वास जाग गया कि मेरे संरक्षक और प्रशिक्षक मुनि, मेरी कितनी चिंता करते हैं, मुझे सतत आगे बढ़ने-बढ़ाने का प्रयास करते हैं। मुझे भी उनकी हर बात पर निष्ठा से ध्यान देना चाहिए।

मुनि नथमल जी का स्वास्थ्य मुनि जीवन के प्रारंभिक वर्षों में नरम गरम रहा। विक्रम संवत 1990 में आपकी दोनों आंखों में दाने हो गए और आंखों से पानी बहने लगा। पढ़ाई- लिखाई अध्ययन, सब बंद हो गया। इस समय में धर्म संघ के मुनि श्री हेमराज जी ने मुनि नथमल जी को कंठस्थ ज्ञान का पुनरावर्तन करने का अभ्यास कराया। इससे आपका न केवल कंठस्थ ज्ञान मजबूत हुआ वरन् उच्चारण शुद्धि भी हो गई। आंखों से अध्ययन न हो पाने के कारण, यह कह सकते हैं कि आपकी आंतरिक जागृति प्रारंभ हुई। छोटी अवस्था में ही आंखों की तकलीफ से कालूगणी भी चिंतित हो जाया करते थे। आखिरकार पूज्य कालूगणी की मालवा यात्रा के दौरान,

पेटलावद कस्बे में जन जाति के **एक** व्यक्ति ने, आंखों के दाने ठीक करने के लिए एक जड़ी का प्रयोग किया और उस जड़ी के प्रयोग से आपकी आंखें ठीक हो गईं।

जीवन के **चौदहवें वर्ष** में मुनि नथमल जी ने एक संकल्प लिया **कि** मुझे अपने सभी साथियों से आगे बढ़ना है और इस हेतु तीन सूत्र विशेष रूप से निर्धारित किए प्रथम - मुनि तुलसी मेरे संरक्षक हैं, अध्यापक हैं और मैं उनका विद्यार्थी हूं। इसलिए मैं वह काम नहीं करूंगा जिससे मुनि तुलसी अप्रसन्न हों।

द्वितीय- मैं किसी से ईर्ष्या नहीं करूंगा, और ना किसी के अनिष्ट की कल्पना करूंगा। जो मेरा अनिष्ट करेगा मैं उसका भी ईष्ट साधने का प्रयास करूंगा।

तृतीय- मैं निरंतर ज्ञान दर्शन और चरित्र की आराधना में संलग्न रहूंगा।

मुनि नथमल का मुनि जीवन अध्ययन में सहज गति से चल रहा था, उसमें अप्रत्याशित मोड़ आया विक्रम संवत १९९३ (सन 1936) में जब आचार्य कालूगणी का आकस्मिक स्वर्गारोहण हो गया एवं मुनि तुलसीराम जी उनके उत्तराधिकारी नवम आचार्य बने। आचार्य तुलसी अब तक मुनि नथमल जी के लिए पूरी तरह उपलब्ध थे लेकिन संघ के आचार्य बनने के बाद स्थितियां बदल गईं। एक बार अल्प काल के लिए आपका अध्ययन रुक सा गया।

मुनि जीवन का नया मोड़

आचार्य तुलसी के आचार्य पद पर आरूढ़ होने से अल्पकाल के लिए मुनि नथमल जी के अध्ययन की व्यवस्था रुक सी गई। यह सारे अनुभव संधि काल के थे। समय एवं परिस्थितियों ने नवीन समीकरण बनाए। आप आचार्य श्री तुलसी के साथ सह- अध्ययन एवं सह - विचार संप्रेषण में सहभागी बनते चले गए।

सन १९३७ के बीकानेर चातुर्मास में आचार्य श्री तुलसी ने दर्शन और काव्य साहित्य का विशेष अध्ययन शुरू किया। पंडित रघुनंदन जी शर्मा के पास अध्ययन चलता था। आचार्य तुलसी ने इस अध्ययन में मुनि नथमल जी और मुनि बुद्ध मलजी को भी जोड़ा। यहीं से मुनि नथमल जी का दर्शनशास्त्र अभ्यास प्रारंभ हुआ और आगे स्यादवाद मंजरी और जैन दर्शन एवम् न्याय ग्रंथों का गहन अध्ययन किया। इसी समय आपने १६ वर्ष की वय में संस्कृत भाषा में श्लोक निर्माण का कार्य प्रारंभ किया। मुनि नथमल जी ने विक्रम संवत २००० (सन १९४३) में हिंदी भाषा में लिखना प्रारंभ किया। वे हिंदी में लेख लिखने वाले तेरापंथ धर्मसंघ में प्रथम मुनि थे।

तेरापंथ धर्म संघ के एक अति विशिष्ट संत मंत्री मुनि श्री मगन लाल जी स्वामी थे। आचार्य महाप्रज्ञ जी को उनसे **भी** शिक्षा प्राप्त हुई एवं जीवन में एक नया मोड़ आया। श्री महाप्रज्ञ जी की भाषा में- “विक्रम संवत 2005, लाडनू में प्रतिक्रमण के पश्चात मैं मंत्री मुनि के पास गया। उन्होंने सहज भाव से दो बोल कहे, वह मेरी अहंकार मुक्ति की साधना में संबल बन गए। उन्होंने

कहा- विद्या और गुरु कृपा का अहंकार नहीं करना चाहिए। हम मुनि हैं। हम किस बात का अहंकार करें ? मांगना बहुत छोटा काम है। हम रोटी के लिए दूसरों के सामने हाथ पसारते हैं, फिर अंहकार किस बात का करें ? न जाने कितनी बार यह जीव बेर की गुठली बनकर पैरों से रौंदा जा चुका है, फिर अहंकार किस बात का ? इन छोटे-छोटे बोलों ने मेरे मन की गहरी परतों को छू लिया। अहंकार मेरी मृदुता पर कभी आक्रमण नहीं कर सका।"

उस समय धर्म संघ में संस्कृत का विकास काफी हो रहा थाऔर आचार्य श्री तुलसी इसके लिए प्रेरणा भी देते रहते थे। जो साधु-संत संस्कृत जानते थे उनको आपस में संस्कृत में वार्तालाप करना, संस्कृत की साप्ताहिक- पाक्षिक पत्रिका का निर्माण करना, संस्कृत में वक्तव्य देना, ये सब बातें संस्कृत को बढ़ावा देने वाली बनीं। विक्रम संवत 2000 में मुनि नथमल जी ने एक ही दिन में संस्कृत में सौ श्लोकों का निर्माण किया, यह उस समय बहुत बड़े आश्चर्य की बात थी। इसी प्रसंग में एक घटना विक्रम संवत 2002 का चातुर्मास श्री डूंगरगढ़ था। उस चातुर्मास एक विद्वान का प्रात:कालीन व्याख्यान वक्तव्य संस्कृत में हुआ। आचार्य तुलसी ने यह पीड़ा व्यक्त की- काश! हमारे संतों में इस बार इस प्रकार संस्कृत में बिना किसी तुटि के वक्तव्य देने वाले संत हो जाएं। श्री महाप्रज्ञ आदि संतों को आचार्य श्री की वेदना का अनुभव हुआ एवं उन्होंने संस्कृत में वक्तव्य का अभ्यास प्रारंभ कर दिया। वे प्रतिदिन प्रात: शहर के बाहर एकांत में जाते और वहां रेतीले टीलों पर चढ़कर संस्कृत में भाषण करते। कई दिनों तक यह क्रम चलता रहा। अभ्यास होने बाद उन्होंने आचार्य तुलसी से निवेदन किया - अब हम संस्कृत में तुटि रहित भाषण कर सकते हैं। गुरुदेव ने संतों को कहा- एक महीने तक तुम्हें प्रतिदिन निर्धारित विषय पर संस्कृत में वक्तव्य देना होगा, जिस मुनि के वक्तव्य में एक भी अशुद्धि नहीं आएगी, उसे पुरस्कृत किया जाएगा। यह काम अनवरत एक महीने तक चला और एक महीने के पश्चात मुनि श्री नथमल जी एकमात्र ऐसे संत रहे, जिन्होंने तुटि रहित वक्तव्य विभिन्न- विभिन्न विषयों पर दिए। आचार्य श्री तुलसी ने उन्हें पुरस्कृत किया।

आपने संस्कृत के साथ - साथ, प्राकृत भाषा एवम् व्याकरण का अभ्यास करना प्रारंभ किया। जैन आगम प्राकृत भाषा में ही लिखे गए हैं। कुछ ही समय में आप प्राकृत व्याकरण में निष्णात हो गए। आपने प्राकृत व्याकरण की प्रक्रिया में ग्रंथ तैयार किया। जिसका नाम दिया गया - तुलसी मंजरी। तुलसी मंजरी के अध्ययन से ही तेरापंथ धर्म संघ में प्राकृत भाषा की परंपरा पुष्ट हुई है।

प्राकृत भाषा में आपकी विशिष्टता का एक प्रसंग- सन १९५४ में आचार्य श्री तुलसी का मुंबई चातुर्मास था। वहां अमेरिका के पेनिसलेविया विश्वविद्यालय के प्रोफेसर डॉक्टर .डब्लू नॉर्मन ब्राउन आए। १० सितंबर १९५४ को आचार्य श्री तुलसी के दर्शन किए एवं उन्होंने यह इच्छा जाहिर कि मैं भगवान महावीर की मूल वाणी प्राकृत भाषा में भाषण- वक्तव्य सुनना चाहता हूं। आचार्य श्री तुलसी के निर्देशानुसार, मुनि श्री नथमल जी ने 20 मिनट तक '

कल्पसूत्र के रहस्य' विषय पर प्राकृत भाषा में वक्तव्य दिया। डॉक्टर ब्राउन ने अपनी आत्मकथा में लिखा है कि' भगवान महावीर की मूल वाणी में प्रवचन सुनने के बाद मुझे ऐसा लगा कि मेरे जीवन की समस्त कामनाएं पूर्ण हो गई हैं। यह मेरे पूर्व जन्म के पुण्य का प्रभाव है जो आज मुझे प्राकृत भाषा में धाराप्रवाह भाषण सुनने का अवसर प्राप्त हुआ। उन्होंने तेरापंथ धर्म संघ में संस्कृत और प्राकृत दोनों भाषाओं के विकास एवं संरक्षण की भूरी-भूरी प्रशंसा की।

विक्रम संवत 2000 तक श्री महाप्रज्ञ **युवावस्था को प्राप्त** हो चुके थे। समझ और चिंतन में परिपक्वता भी आने लगी थी। आचार्य तुलसी का गंगा शहर में प्रवास था। उस समय द्वितीय विश्व युद्ध के कारण कोलकाता में जापान की बमबारी हुई। उस समय भारत ब्रिटिश राज्य के अंतर्गत था।जापान जर्मनी के साथ था। श्री जैन श्वेतांबर तेरापंथी महासभा की हजारों हजारों पुस्तकें गंगा शहर लाई गईं। उसमें श्री महाप्रज्ञ को संस्कृत, प्राकृत, साम्यवाद और अन्य दर्शनों की बहुत-सी पुस्तकों को पढ़ने का अवसर प्राप्त हुआ। अन्य दर्शनों के अध्ययन से आपका दृष्टिकोण विशाल बना।

विक्रम संवत २००० (सन १९४३) आचार्य श्री तुलसी का विहार क्षेत्र तत्कालीन भारत का बीकानेर राज्य था। हिंदी भाषा में बोलना एवम् लिखना, दोनों को ही प्रोत्साहित नहीं किया जाता था। श्री महाप्रज्ञ ने भी हिंदी में लिखना आरंभ किया, किंतु वातावरण के प्रभाव से उसे प्रछन्न रखा। उन्हीं दिनों बीकानेर राज्य की विधानसभा में बाल दीक्षा विरोधी प्रस्ताव आया। उससे आचार्य श्री तुलसी एवं तेरापंथ धर्म संघ का दृष्टिकोण अलग था। अपना दृष्टिकोण स्पष्ट करने के लिए कुछ निबंध लिखने आवश्यकता महसूस हुई। गुरुदेव श्री तुलसी ने अपने विशिष्ट श्रावक श्री शुभकरण जी दासानी के सामने इसकी चर्चा की और कहा, " हमारे धर्म संघ में इतने साधु-साध्वी हैं किंतु इसमें से कोई भी उच्च कोटि का चिंतक, लेखक और वक्ता हिंदी भाषा में नहीं है। तब श्री शुभकरण जी ने बताया कि कुछ मुनि हिंदी में कविताएं और निबंध बहुत अच्छे लिखते हैं, किंतु आपसे संकोच करते हैं इसलिए बताते नहीं है, और श्री महाप्रज्ञ का नाम बताया। श्री महाप्रज्ञ हिंदी में कुछ लिखते हैं, यह सुनकर आचार्य श्री तुलसी को आश्चर्य मिश्रित प्रसन्नता हुई। श्री महाप्रज्ञ जी का हिंदी में लिखने का पथ प्रशस्त हो गया। श्री महाप्रज्ञ तेरापंथ धर्म संघ के साधु-साध्वी समाज के प्रथम हिंदी लेखक हैं। उनकी हिंदी भाषा की प्रथम कृति है जीव अजीव, जो जैन धर्म के मूल तत्व ज्ञान पच्चीस बोल की सरल सुबोध भाषा में व्याख्यायित है। श्री महाप्रज्ञ ने 'बाल दीक्षा और हमारा दृष्टिकोण' शीर्षक पर निबंध लिखा।

आचार्य तुलसी ने श्री महाप्रज्ञ जी की हिंदी कविताओं, निबंधों को पढ़ा और समय-समय पर हिंदी भाषा में बोलने, लिखने, गद्य- पद्य रचना करने के लिए प्रोत्साहित और प्रेरित करते रहे। इसी ने श्री महाप्रज्ञ एवं अन्य साधु - साध्वियों को हिंदी में साहित्य रचना करने का विपुल अवसर प्रदान किया। तेरापंथ धर्मसंघ में हिंदी भाषा के अकल्पित सफलता के द्वार खुल गए।

विशिष्ट संत

विक्रम संवत 2000 आते - आते श्री महाप्रज्ञ या मुनि श्री नथमल जी अपने ज्ञान एवं नवीन विचारों से धर्म संघ के विशिष्ट संत बन गए थे। आपने अपने प्राय: सभी चातुर्मास आचार्य श्री तुलसी के साथ ही किए। आप में संकोच दूर हो एवं स्वतंत्र रूप से दायित्व संभालने की क्षमता विकसित हो, इसके लिए सन 1944 में आपका पृथक चातुर्मास सरदार शहर में करवाया गया। सरदार शहर तेरापंथ धर्म संघ की जनभाषा में 'तेरापंथ की राजधानी' कहलाता है। वहां के श्रावक- श्राविका गण विशिष्ट ज्ञान एवं धर्म की जानकारी रखते हैं।

ऐसे क्षेत्र में श्री महाप्रज्ञ जी ने सफलतापूर्वक चातुर्मास किया। पृथक चातुर्मास कराने का उद्देश्य स्वयं श्री महाप्रज्ञ बताते हैं - "गुरुदेव तुलसी मेरे संकोचशील स्वभाव को विकास में बाधक मानते थे इसलिए संकोच को दूर करने के लिए मेरा चतुर्मास सरदार शहर में कराया।"

आचार्य तुलसी **जी** ने संघ में 'आशु' कविता के विकास पर बल दिया। श्री महाप्रज्ञ ने समय-समय पर आशु कविताएं भी कीं। उस समय समस्या पूर्ति के रूप में आशु कविता करने की प्रतियोगिताएं एवम् अन्य आयोजन भी होते रहते थे। इसमें श्री महाप्रज्ञ जी ने दक्षता हासिल की।

विक्रम संवत 2002 तक मुनि नथमल जी विद्यार्थी रहे। विक्रम संवत 2003 से आचार्य तुलसी के कार्य सहयोगी बन गए। आचार्य श्री ने उनसे तेरापंथ धर्म संघ की मर्यादाओं का संकलन करवाया और 'मर्यादा मुक्तावली' नामक ग्रंथ बना। यहीं से श्री महाप्रज्ञ का गुरुदेव तुलसी के पास बैठकर संघीय कार्य करने का अवसर प्रारंभ हुआ।

श्री महाप्रज्ञ की संस्कृत भाषा संबंधी घटना विक्रम संवत 2005 में घटी। उस वर्ष वाराणसी में अखिल भारतीय संस्कृत साहित्य सम्मेलन का विराट आयोजन था। उसमें श्री महाप्रज्ञ जी द्वारा लिखित 'संस्कृतम् भारतीया संस्कृति श्च' शोधात्मक निबंध एवं संस्कृत में ही श्री महाप्रज्ञ द्वारा रचित काव्यात्मक श्लोक लेकर पंडित श्री छगनलाल जी शास्त्री वाराणसी गए। विद्वत परिषद में श्री महाप्रज्ञ का निबंध विशेष रूप से लिया गया। भाव- भाषा- शैली एवं वस्तु निरूपण की दृष्टि से उसे प्रथम पुरस्कार- सर्वश्रेष्ठ पुरस्कार दिया जाए, यह प्रस्ताव रखा गया। श्री शास्त्री जी ने मंचासीन विशिष्ट महानुभावों और विद्वानों से निवेदन किया कि रचनाकार मुनि श्री नथमल जी पंच महाव्रत धारी जैन संत हैं। मन, वचन और कर्म से अपरिगृही हैं। किसी भी प्रकार की भेंट को स्वीकार नहीं कर सकते। इससे मुनि श्री नथमल जी की विद्वत्ता से साहित्य परिषद तो प्रभावित हुई ही, साथ ही साथ जैन साधुओं की त्याग-तपस्या, मय साधना का **भी** बहुत प्रभाव पड़ा।

ईस्वी सन 1944-45 से ही श्री महाप्रज्ञ संघीय चिंतन मे संभागी बने। श्री महाप्रज्ञ ने आचार्य श्री तुलसी को, संघ में किस तरह से विकास हो, साधु संघ की चर्या में युग अनुरूप क्या परिवर्तन हो, इस बारे में अपने विचार प्रकट करने प्रारंभ किए। आप विभिन्न क्षेत्रों में आचार्य श्री तुलसी के सहयोगी बन गए। एक ओर जहां वे आचार्य श्री तुलसी के चिंतन के सफल भाष्यकार थे, तो

दूसरी ओर उनके हर स्वप्न को साकार करने के लिए कटिबद्ध भी थे। आचार्य तुलसी द्वारा प्रारंभ किए गए किसी भी कार्य को परिसंपन्नता तक पहुंचाना उनकी सहज वृत्ति हो गई।

विक्रम संवत २००५ में आपने आचार्य तुलसी के चिंतन अनुरूप साधु-साध्वियों के लिए एक सप्तवर्षीय पाठ्यक्रम बनाया। इसका नाम रखा गया 'आध्यात्मिक शिक्षा क्रम'। हमारे धर्म संघ की स्वतंत्र शिक्षा पद्धति और परीक्षा का एक निश्चित स्वरूप बनाने का श्रेय मुनि श्री नथमल जी को है।

मुनि श्री नथमल जी की विशिष्टता अब पूरे संघ में फैलने लगी थी। विक्रम संवत 2007-08 में आचार्य श्री तुलसी ने संघीय गोष्ठी में (साधु - साध्वियों की गोष्ठी) न केवल संतों की गोष्ठी, वरन जहां केवल साध्वियों की गोष्ठी होती थी, उसमें भी मुनि श्री नथमल जी के वक्तव्य देना प्रारंभ करवाया। यह एक इतिहास विरल कार्य हो रहा था। क्योंकि साध्वियों की शिक्षा गोष्ठी में अभी तक केवल आचार्य ही वक्तव्य देते थे, इस बात को लेकर आचार्य तुलसी के संसार पक्षी भाई, जो स्वयं भी मुनि थे। उन्होंने निवेदन किया- "साध्वियों की गोष्ठी में आपको ही शिक्षा देनी चाहिए, नथमल जी को क्यों बुलाते हैं?" आचार्य तुलसी ने कहा- "मैं चाहता हूं, उनके वक्तव्य उपयोगी हैं, इसलिए वह बोल रहे हैं।" यह था मुनि नथमल जी के ज्ञान के प्रति आचार्य श्री तुलसी का विश्वास।

मुनि श्री नथमल जी (आचार्य महाप्रज्ञ) अपने मौलिक विचारों के लिए प्रारंभ से ही जाने जाते रहे हैं। उनका एक लेख सुप्रसिद्ध कादंबरी पत्रिका में प्रकाशित हुआ, जिसमें आपने लिखा था, "मैं आत्मा को मानता हूं जानता नहीं हूं।" इस आलेख के संबंध में बहुत सी प्रतिक्रियाएं एवं यह कहा गया कि एक जैन मुनि ऐसे कैसे कह सकते हैं। आचार्य तुलसी ने कहा - तुमने क्या लिख दिया! अब उत्तर देना होगा। तब धर्म संघ के मुख्य- मुख्य श्रावक गण मुनि नथमल जी के पास आए और कहा- आपने यह कैसे लिख दिया? तब श्री महाप्रज्ञ जी ने कहा,"क्या आप आत्मा को जानते हो?" उन्होंने कहा हां और उत्तराध्ययन में लिखा है, कोट्स दिखाया। मुनि श्री नथमल जी ने कहा, "यह रेफरेंस तो मैं **सौ** बार दे सकता हूं। यह तो मानना ही हुआ - जानना कहां हुआ।" तब सबके समझ में आया कि मानने और जानने में क्या अंतर होता है।

महान परिव्रजक

जैन मुनि की साधु चर्या का एक मुख्य अंग है पाद विहार। जैन साधु अपवादस्वरूप (दुर्घटना - बीमारी) ही वहां का प्रयोग करते हैं। मुनि श्री नथमल जी ने प्रारंभ में आचार्य श्री तुलसी के साथ एवम् बाद में आचार्य महाप्रज्ञ के रूप में लगभग १,२५,००० किलोमीटर की पद यात्रा की। पद यात्रा में साहित्य सृजन भी साथ-साथ चलता रहा।

उत्तर दक्षिण - पूर्व - पश्चिम इन चारों दिशाओं में आपने यात्रा की। यात्रा में आमजन के साथ साथ विदत परिषद को भी आपने जैन दर्शन समझाया।

अणुव्रत आंदोलन आचार्य श्री तुलसी का नैतिक आचरण एवं सामाजिक कुरीति मुक्ति का अभियान था। मुनि श्री नथमल जी ने अणुव्रत की दार्शनिक भूमि तैयार की।

राजस्थान के बीकानेर संभाग के बाहर आचार्य श्री तुलसी ने प्रथम यात्रा जयपुर से आरंभ की, फिर दिल्ली, पंजाब, हरियाणा, मुंबई, पूना, खानदेश, वाराणसी, कलकत्ता आदि सुदूर क्षेत्रों को यात्रा का प्रथम दौर किया।

सन 1954 मुंबई चातुर्मास में भारतीय विद्या भवन में संस्कृत संगोष्ठी का आयोजन हुआ। उच्च कोटि के विद्वानों का समागम था। आचार्य श्री तुलसी के साथ मुनि श्री नथमल जी(श्री महाप्रज्ञ) ने संस्कृत भाषा में ॐ के म् पर प्रभावी वक्तव्य दिया। आंशु कविता भी की। कार्यक्रम संपन्न हो गया। आचार्य तुलसी ने वहां से प्रस्थान किया। मुनि श्री नथमल जी कुछ पीछे रह गए, पांच - सात प्रोफेसर उनके निकट आए और बोले, "मुनि जी आपने किस विश्वविद्यालय में अध्ययन किया है?" श्री महाप्रज्ञ ने कहा, "तुलसी विश्वविद्यालय में।" प्रोफेसरों को ये नाम सर्वथा अपरिचित और नया लगा। देश भर में कहीं भी, इस नाम से कोई विश्वविद्यालय चलता हो, उनके ध्यान में नहीं आया। आखिर उन्होंने पूछा,"मुनि जी, विश्वविद्यालय कहां है?" उन्होंने आगे पधार रहे, पूज्य गुरुदेव तुलसी की ओर इंगित करते हुए कहा, वह आगे चल रहा है हमने इस चलते-फिरते विश्वविद्यालय में पढ़ाई की है।" विद्वान आश्चर्यचकित हो देखने लगे। एक दिन वह समय था जब श्री महाप्रज्ञ अपने शिक्षक की शिकायत लेकर पूज्य कालूगणी के पास पहुंचे थे। एक दिन वह भी आया जब उनको तुलसी विश्वविद्यालय में पढ़ने का गौरव प्राप्त हुआ।

तेरापंथ की यह परंपरा रही है कि आलोचना का जवाब प्रत्युत्तर न दिया जाए, क्योंकि स्तरहीन आलोचना मे अपनी शक्ति को व्यर्थ नहीं करना है। 1954 के मुंबई चातुर्मास में ही एक घटना घटी। मुंबई के श्री परमानंद कपाड़िया ने अपनी पत्रिका प्रबुद्ध जीवन में 'अहिंसा की अधूरी समझण' शीर्षक से एक लेख लिखा। जिसमें आचार्य भिक्षु के अहिंसा संबंधी दृष्टिकोण की विस्तृत आलोचना की गई थी। आचार्य तुलसी ने यह लेख पढ़ा,और मुनि श्री नथमल जी को बुला कर कहा - यह आलोचना, आज तक की गई सभी आलोचनाओं से भिन्न है और इसमें ना आक्षेप है न लांछन करने का प्रयत्न, इसमें सामने वाला पक्ष अपनी बात कह रहा है। अत: इसकी प्रत्यालोचना में अपनी लेखनी उठाओ और खुलकर लिखो। मुनि श्री नथमल जी का यह स्वभाव है कि मेरा निर्देश मिलने के बाद वह न नू नच करना जानते ही नहीं थे। मेरे संकेत को स्वीकार करके, उन्होंने एक लेख लिखा 'अहिंसा की सही समझ।' यह लेख तेरापंथ धर्म संघ की नीति और समन्वयवादी दृष्टिकोण से परिपूर्ण था तथा उसकी अच्छी प्रतिक्रिया हुई। विचार भेद होने पर भी श्री परमानंद जी ने दिनांक 1.3.55 के प्रबुद्ध जीवन अंक में उसे छापते हुए टिप्पणी की और लिखा- "मुनि नथमल जी द्वारा प्रस्तुत किए विचार सारणी मुझे स्वीकार नहीं है। फिर भी उन्होंने जिस उदात्त शैली में अपने विचारों को प्रस्तुत किया, उसके लिए मैं उन्हें धन्यवाद देता हूं।"

मुंबई चातुर्मास कर आचार्य श्री तुलसी पुणे पहुंचे। पुणे की तेरापंथ धर्म संघ के आचार्य की प्रथम यात्रा थी। पूना के 9 दिन के प्रवास में 27 कार्यक्रम हो गए। पुणे को दक्षिण की काशी भी कहा जाता है। महाराष्ट्र के सुप्रसिद्ध संस्कृत शिक्षा केंद्र, तिलक संस्कृत विद्यापीठ में एक कार्यक्रम हुआ। वहां पर मुनि श्री नथमल जी की आशु कविता को सुनकर विद् सभा ने सराहना की। घेवाण वर्धिनी सभा, पूना के आनंद आश्रम में आयोजित कार्यक्रम में आशु कविता के लिए डॉक्टर के.एन.आठवें ने स्रग्धरा-छन्द में 'घड़ी' विषय पर आशु कविता करने का अनुरोध किया। स्रग्धरा-छन्द के प्रत्येक चरण में 21 वर्ण होते हैं। ये वर्ण क्रमश: मगण, रगण, भगण, नगण, यगण,यगण के क्रम में होते हैं। यह एक कठिन छंद होता है, इस बात को ध्यान में रखते हुए गुरुदेव तुलसी ने श्री महाप्रज्ञ को धीरे से कहा, "देख लो यदि कठिन लगे तो इन्हें बदलने का कह दें।" श्री महाप्रज्ञ ने कहा, नहीं और तत्काल घड़ी के बारे में चार श्लोक बनाकर सुना दिए। विद्वता का सही मूल्य विद्वान ही परख सकते हैं। इस तथ्य की सत्यता पुणे में पूर्ण रूप से उजागर हो गई तथा विद्वानों ने श्री महाप्रज्ञ की विदुषी पूर्ण रचनाओं को सुनकर उदारतापूर्ण गुणानुवाद किया।

1954- 55 की इस महाराष्ट्र यात्रा में एक बहुत बड़ा काम, जो आचार्य श्री तुलसी ने मुनि श्री नथमल जी(आचार्य श्री महाप्रज्ञ) की प्रज्ञा पर विश्वास करके हाथ में लिया, वह था "जैन आगमो का संपादन।" यह भगीरथ कार्य एक ऐसा कार्य हुआ जिसमें न केवल जैन आगमो के नए रहस्य प्रगट हुए, वरन श्री महाप्रज्ञ जी की मेघा शक्ति के नए-नए आयाम हमें देखने को मिले। इसकी चर्चा हम एक पूरे चैप्टर में अलग रूप से करेंगे।

जयपुर यात्रा के दौरान आपने संस्कृत रचना संबोधी का निर्माण प्रारंभ किया और इसके 16 अध्याय लिखे। इसे हम जैन गीता भी कह सकते हैं।

आचार्य भिक्षु का अहिंसा के संबंध में कुछ मौलिक सिद्धांत रहे - जैसे बड़े जीवों की रक्षा के लिए छोटे जीवों को मारना अहिंसा नहीं है, शुद्ध साध्य की प्राप्ति के लिए शुद्ध साधन होना अनिवार्य है। आचार्य भिक्षु के इन्हीं विचारों के ऊपर श्री महाप्रज्ञ ने एक लघु पुस्तिका विक्रम संवत 2010 में जोधपुर में लिखी, '19 वीं सदी का नया आविष्कार'। आचार्य भिक्षु और महात्मा गांधी के अहिंसक विचारों में अद्भुत साम्य था। सूरत के प्रोफेसर हीरालाल रसिक दास तापड़िया के अनुरोध पर महाप्रज्ञ जी ने 'अहिंसा' विषय पर एक निबंध लेखन कर लघु पुस्तिका बनाई। यह पुस्तिका श्री हीरालाल जी के माध्यम से महात्मा गांधी के पास भी पहुंची एवं उन्होंने उस पर कई टिप्पणियां भी लिखीं, ऐसी प्राप्त जानकारी है।

यात्रा का एक प्रमुख उद्देश्य जनसंपर्क भी होता है। जनसंपर्क का एक माध्यम प्रवचन-व्याख्यान होते हैं। श्री महाप्रज्ञ जी प्रारंभ में संस्कृतनिष्ठ हिंदी का प्रयोग करते थे। उनके वक्तव्य में भाषा थोड़ी कठिन एवं आमजन समझ सके, वैसी नहीं होती थी। एक बार गुरुदेव तुलसी का प्रवास राजसमंद में हो रहा था। उस प्रवास के दौरान विद्वत परिषद का आयोजन हुआ। विद्वत

परिषद में श्री महाप्रज्ञ का वक्तव्य हुआ। कार्यक्रम के पश्चात एक व्यक्ति ने गुरुदेव जी से निवेदन किया - गुरुदेव आज मुनि नथमल जी ने बहुत सुंदर भाषण दिया।

गुरुदेव ने पूछा - उनका भाषण तुम्हारी समझ में आ गया!

व्यक्ति - समझ में तो कुछ भी नहीं आया।

गुरुदेव - तो फिर वह कैसे अच्छा हुआ?

व्यक्ति - गुरुदेव! जब वे बोल रहे थे तब आप उनके विचारों से सहमति जताते हुए सिर हिला रहे थे, तब मैंने सोचा कि गुरुदेव अत्यंत प्रसन्न मुद्रा में सिर हिला रहे हैं इसलिए मुनि श्री नथमल जी का भाषण अवश्य ही शानदार है।

गुरुदेव श्री तुलसी ने श्री महाप्रज्ञ जी को कहा, "तुम दर्शन की भाषा को कुछ सरलता - सरसता में बदलो, भाषा सरल बनाओ जिससे आमजन भी उसे समझ सके। श्री महाप्रज्ञ ने करीब-करीब 2 दशकों तक अपने वक्तव्य में कठिन भाषा का प्रयोग किया था, फिर इन्होंने उसमें परिवर्तन किया। दर्शन की भाषा के साथ कहानी की भाषा - मुहावरों को जोड़कर प्रस्तुत किया। जिससे उनकी बात प्रबुद्ध जन ही नहीं, साधारण जन भी समझ सके।

इन यात्राओं के दौरान श्री महाप्रज्ञ जी ने 'जैन दर्शन मनन और मीमांसा' नामक ग्रंथ का लेखन शुरू किया, जिसे आज हम जैन दर्शन का एक प्रामाणिक ग्रंथ मानते हैं। यात्रा के साथ साथ श्री महाप्रज्ञ जी ने आचार्य भिक्षु का पूरा साहित्य गुरुदेव श्री तुलसी के निर्देशानुसार पढा। उनके सिद्धांतों को आत्मसात किया। यही कारण रहा कि आप आचार्य भिक्षु के सिद्धांतों को युगीन भाषा में प्रस्तुत कर सके। तेरापंथ द्विशताब्दी महोत्सव पर 'आचार्य भिक्षु विचार दर्शन' जैसी कालजयी पुस्तक आई।

दिसंबर 1958 में गुरुदेव श्री तुलसी एवं महाप्रज्ञ जी वाराणसी पधारे। वाराणसी की संस्कृत विश्वविद्यालय में विद्वत परिषद का आयोजन हुआ। श्री महाप्रज्ञ ने जैन दर्शन में स्यादवाद-अनेकांतवाद विषय पर संस्कृत भाषा में वक्तव्य दिया और संस्कृत में ही आशु कविता की। गुरुदेव का प्रवचन भी संस्कृत में ही हुआ। विद्वानों और विद्यार्थियों पर इसकी बहुत अच्छी छाप पड़ी। प्रश्नोत्तर का क्रम भी सुंदर रूप से चला। कुछ प्रश्नों का संबंध अनेकांतवाद से था। अनेक विद्वानों ने स्यादवाद की प्रस्तुति संशयवाद के रूप में की, गंभीर चर्चा चली। विद्वान लोग विवाद के मूड में आ गए। समय संपन्न हो रहा था, वार्ता को बीच में ही स्थगित कर देने से भी लोग कह सकते थे कि "जैन अपना मत सिद्ध नहीं कर सके।" इससे भी बड़ी बात यह थी कि स्यादवाद के बारे में उनका दृष्टिकोण स्पष्ट नहीं होता। गुरुदेव तुलसी ने श्री महाप्रज्ञ से कहा जब तक तुम अपना दृष्टिकोण योक्तिक ढंग से प्रमाणित नहीं करते तब तक तुम्हें यहां से नहीं जाना है। सूर्यास्त होने वाला था, रात्रि कालीन प्रवास की व्यवस्था दूसरे स्थान पर थी। वहां जाने से वार्ता अधूरी रह जाती, विश्वविद्यालय के अधिकारियों से पूछताछ की गई, उन्होंने कहा, रात को आप यहां रह सकते हैं।

एक बार कार्यक्रम संपन्न कर दिया गया। प्रतिक्रमण आदि आवश्यक कार्य संपन्न करने के बाद, चर्चा का दूसरा दौर शुरू हुआ। रात्रि में लगभग 10:00 बजे तक कार्यक्रम चला, संस्कृत भाषा में गंभीर विषय पर लंबी चर्चा के बाद विद्वानों ने स्यादवाद के महत्व को स्वीकार किया।

प्रशासनिक भूमिका में (निकाय सचिव)

विक्रम संवत २०१९, माघ कृष्णा सप्तमी (१७.०१.१९६३) को आचार्य श्री तुलसी ने श्री महाप्रज्ञ से अंतरंग व्यवस्था में सहयोग लेना आरंभ किया। तेरापंथ धर्मसंघ आचार्य केंद्रित धर्मसंघ है, संघ के संचालन का दायित्व आचार्य का है एवम् वे इसमें उपेक्षित होता है तो सहयोग ले सकते है। १९६३ में श्री महाप्रज्ञ जी इस व्यवस्था से अनौपचारिक रूप से जुड़ गए।

विक्रम संवत २०२२ (जनवरी १९६६)

आचार्य श्री तुलसी ने, विक्रम संवत २०२२ (जनवरी १९६६) में धर्म संघ के कार्यों के विस्तार को देखते हुए एक सहयोगी व्यवस्था की अपेक्षा व्यक्त की। श्री महाप्रज्ञ जी (मुनि श्री नथमल जी) को निकाय सचिव पद पर नियुक्त किया गया।

तेरापंथ धर्मसंघ में अध्यात्मिक विकास हेतु चार निकाय निर्धारित किए गए:

१. प्रबंध निकाय

२. शिक्षा निकाय

३. साधना निकाय

४. साहित्य निकाय

इन चारों निकायों पर व्यवस्थापक नियुक्त किए गए। एक निकाय सचिव का पद निर्धारित किया गया। यह निर्णित किया गया कि चारों निकाय व्यस्वस्थापक, निकाय सचिव की देखरेख में कार्य करेंगे।

निकाय सचिव की अर्हता के पांच गुण निर्धारित किए:

१. आचार्य के प्रति पूर्ण प्रीति रखने वाला

२. आचार्य का परम विश्वासपात्र

३. विनम्र

४. घृतिमान

५. संघ के प्रति अटूट श्रद्धा रखने वाला

निकाय सचिव आचार्य की आज्ञा अनुसार कार्य को क्रियान्वित करेगा। निकाय व्यवस्थापकों और दूसरे सहयोगियों से कार्य करवाए। निकाय सचिव के निम्न मुख्य कार्य तय किए गए:

१. निकायों का पथदर्शन करना।

२. योजनाबद्ध कार्य संचालन करना।

३. सब निकायों के कार्य का संकलन करना।

निकाय सचिव का सीधा संबंध आचार्य के साथ रहे एवं वे आचार्य को रिपोर्ट करेंगे।

१२ फरवरी १९७० को ४ वर्ष तक निकाय सचिव रहने के बाद आपने, आचार्य श्री तुलसी से प्रार्थना की कि उन्हें इस पद को समर्पण करने की स्वीकृति दी जाए। इस अवसर पर श्री महाप्रज्ञ ने कहा, "कई वर्षों से मेरा मन साधना के विशेष प्रयोग करने के लिए उत्कंठित है। कार्य बहुलता के कारण मैं इस दिशा में पर्याप्त समय नहीं लगा पाता। अब मैं चाहता हूं कि मुझे निकाय सचिव के पद से मुक्त किया जाए, ताकि मैं अधिक - से- अधिक समय इस दिशा में नियोजित कर सकूं। गुरुदेव! कृपा कर मुझे अवसर दें। आपकी कृपा से ही मैं अपने लक्ष्य को प्राप्त कर सकूंगा।"

श्री महाप्रज्ञ की प्रार्थना पर गुरुदेव श्री तुलसी ने कहा, "मुनि नथमल जी की प्रार्थना मुझे अटपटी सी लगी। जिस युग में बहुत से लोग पद प्राप्ति और पद लिप्सा के लिए सतत प्रयत्नशील रहते हैं, उस युग में पद मुक्ति की बात आश्चर्य जैसी है। साधना के विशेष प्रयोगों का जहां तक प्रश्न है, उसमें मेरी असहमति नहीं है। मैं स्वयं चाहता हूं कि संघ में साधना का विकास हो। निकाय सचिव का दायित्व संभालते हुए साधना की जा सकती थी। मुनि नथमल जी की विनम्रता और समर्पण को देखते हुए मैं उनका आग्रह- अनुरोध स्वीकार कर रहा हूं। उनकी पद मुक्ति के साथ ही उनके सहयोगियों को अपने आप ही मुक्ति मिल गई। फिर जब कभी निकाय सचिव पद की अपेक्षा होगी उसे पुन: सक्रिय किया जा सकेगा।"

महाप्रज्ञ अलंकरण

आचार्य तुलसी गुण ग्राहक आचार्य थे। गुणों को परखना, गुणी को आगे लाना तथा उपयोग लेने की कला आप में बेजोड़ थी। विक्रम संवत 2035 सन 1978 में आचार्य तुलसी ने गंगाशहर चातुर्मास में 12 नवंबर को मुनि श्री नथमल जी को महाप्रज्ञ अलंकरण से संबोधित किया। आचार्य श्री तुलसी के शब्दों में ही- ' तीर्थंकरों के लिए, गणधरों के लिए, यशस्वी और मेधावी आचार्यों के लिए प्रज्ञा शब्द का प्रयोग हुआ है। मैं स्वयं इस शब्द को बहुत महत्व देता हूं। इस सुंदर समारोह में, मैं आज इस प्रज्ञा शब्द को साकार रूप देना चाहता हूं। हमारे धर्म संघ के एक मुनि, आपके सामने बैठे हैं, जिन्होंने अपनी प्रज्ञा के द्वारा साहित्य की, साधना की धारा बहाई है। मैं चाहता हूं कि मुनि नथमल जी खड़े हो जाएं। मैं इनके साहित्य को जैनों के लिए ही नहीं, समस्त धार्मिकों के लिए, बौद्धिक जगत के लिए, उपयोगी मानता हूं। मुनि नथमल जी ने अपनी विशिष्ट साधना और अभ्यास के द्वारा आज की पीढ़ी को आकृष्ट किया है, धर्म के प्रति झुकाया है। मैं मानता हूं जो व्यक्ति ऐसे काम करते हैं, उन्हें किसी की अपेक्षा नहीं होती, अपेक्षा वालों

से कुछ होता भी नहीं है। मैं आज इस शुभ अवसर पर मुनि नथमल जी को महाप्रज्ञ विशेषण से विभूषित करना चाहता हूं- महाप्रज्ञ मुनि नथमल जी।

श्री महाप्रज्ञ ने आचार्य श्री तुलसी के प्रति कृतज्ञता व्यक्त करते हुए कहा, "मेरी आकांक्षा है मैं केवल प्रज्ञा की साधना करूं, साक्षात्कार के लिए समर्पित होऊं। मेरा एकमात्र लक्ष्य है, प्रत्यक्ष - दर्शन। परोक्ष के प्रति मेरा बहुत आकर्षण नहीं है। गुरुदेव! मैं आपके सब अनुग्रहों को स्वीकार करता आया हूं, तो मेरी एक प्रार्थना आप भी स्वीकार कर लें कि जो व्यक्ति निर्विशेषण और निरूपाधिक सत्ता की ओर आगे बढ़ना चाहता है, उसे आप क्षमा करें और इस विशेषण को बात से मुक्त कर दें, प्रज्ञा बढ़ाएं। मैं बहुत अच्छा मानता हूं कि मेरी प्रज्ञा और आगे बढ़े। उसमें निरंतर आपका आशीर्वाद मुझे उपलब्ध होता रहे। किंतु यह विश्लेषण वाली बात बहुत अटपटी है। मेरी प्रज्ञा को मेरे भीतर ही रहने दें।"

गुरुदेव श्री तुलसी ने महाप्रज्ञ शब्द की मीमांसा करते हुए कहा, "पंडित मनीषी आदि के लिए महाप्रज्ञ शब्द का उपयोग किया जाता है। जो विद्वान होता है, शास्त्रों का पारंगत होता है, वह प्रज्ञ या प्राज्ञ होता है। किंतु यह अर्थ मुझे स्वीकार नहीं है। फिर आप कहेंगे जो मौन करता है, एकांत साधना करता है, क्या वह महाप्रज्ञ होगा? मुझे यह अर्थ भी स्वीकार नहीं। जिसमें विद्या और साधना का पूर्ण समावेश हो, दोनों का संयुक्त समावेश हो, दोनों अलग-अलग न रहें वह होता है महाप्रज्ञ।" आचार्य तुलसी ने आगे कहा, "तुम संघ में अपनी प्रज्ञा को बिखेरो। अनेक व्यक्ति प्रज्ञावान, ऐसा उपक्रम करो।"

युवाचार्य मनोनयन

तेरापंथ धर्मसंघ आचार्य की इंगित अनुसार चलता है। भावी आचार्य का निर्णय वर्तमान आचार्य करते हैं। यह प्रगट नियुक्ति के द्वारा भी हो सकता है अथवा प्रच्छन्न लिखित पत्र के आधार पर भी हो सकता है। आचार्य के जीवन की सबसे बड़ी कसौटी कहें या निर्णय कहें, अपने उत्तराधिकारी का चयन करना, संघ के भावी आचार्य का चयन करना है।

आचार्य तुलसी २२ वर्ष की उम्र में आचार्य बने। आचार्य तुलसी एक वर्चस्वशील आचार्य थे। आचार्य तुलसी के उत्तराधिकारी की प्राय: चर्चा होती, उनसे निवेदन भी किया जाता कि संघ की भावी व्यवस्था करावें।

गुरुदेव तुलसी के शब्दों में - मैंने विक्रम संवत 2035 गंगाशहर चातुर्मास में यह मानसिक निर्णय किया था कि मुझे अमुक व्यक्ति (श्री महाप्रज्ञ) को अमुक समय (आगामी मर्यादा महोत्सव के अवसर पर) उत्तराधिकारी बनाना है। इसी निर्णय के अनुसार कार्य किया गया।

आचार्य श्री तुलसी आगे लिखते हैं - तेरापंथ के आचार्य के जीवन का सर्वोपरि महत्वपूर्ण काम है सुयोग्य उत्तराधिकारी का मनोनयन। मैं अपने दायित्व को समझता था, पर बहुत वर्षों तक इस संबंध में कुछ सोचा नहीं था। विक्रम संवत 2013 के मर्यादा महोत्सव पर मंत्री मुनि

मगनलाल जी ने मेरा ध्यान आकृष्ट करते हुए कहा- अब आपको आगे की व्यवस्था के बारे में जरूर सोच लेना चाहिए। हम इस स्थिति के भुक्तभोगी हैं। हमारे सामने काफी गंभीर चिंतन की स्थिति उपस्थित हो गई थी। आप महान हैं। आपके हाथ से जो काम हो जाए, उसकी कोई सानी नहीं होता। मैंने मंत्री मुनि की बात गंभीरता से ले ली, पर उस पर कोई चिंतन नहीं किया। दक्षिण यात्रा से लौटने के बाद बीदासर में आकस्मिक अस्वस्थता से मेरे चिंतन को झटका सा लगा और मैंने संघ की भावी व्यवस्था के बारे में थोड़ा सा सोचा। चतुर्विध धर्म संघ की मंगल भावनाओं ने मुझे शीघ्र ही स्वस्थ कर दिया। अत: उस ओर केंद्रित ध्यान भी विकेंद्रित हो गया। विक्रम संवत 2035 के चातुर्मास से पूर्व मैंने अपनी भावी व्यवस्था के संबंध में कोई निर्णय नहीं लिया। 2035 का चातुर्मास गंगाशहर था। उस समय मेरे मन में आकस्मिक चिंतन आया कि पंजाब यात्रा से पहले मुझे अपने उत्तराधिकारी का निर्णय कर निश्चिंत हो जाना चाहिए और उसके लिए आकस्मिक रूप से पंजाब यात्रा को कुछ विलंबित करने का मानसिक निर्णय लेना पड़ा। उधर चातुर्मास के बाद पूर्व घोषित पंजाब यात्रा की पूरी तैयारियां हो चुकी थीं। श्रावक गण पंजाब के क्षेत्रों का सर्वे करके आ गए थे और पंजाब वासियों ने अपनी ओर से मर्यादा महोत्सव की तैयारियां शुरू भी कर दी थीं। इन सारी परिस्थितियों को मोड़ देने में मुझे डॉक्टर एस. आर .मेहता का सहारा मिला।

डॉक्टर एस. आर. मेहता, हमारे श्रद्धालु श्रावक श्री बालवंतराज जी भंडारी (जोधपुर) के दामाद हैं। वे पिछले कई वर्षो से समय-समय पर मेरे स्वास्थ्य की जांच करते हैं। यात्रा के संबंध में उनका क्या अभिमत है, इस दृष्टि से उनको याद किया गया। वे आए, उस समय मैं गंगाशहर से प्रस्थान कर भीनासर पहुंच गया था। उन्होंने पूरे शरीर की जांच की। स्वास्थ्य सामान्य था, फिर भी उनका परामर्श था कि पंजाब यात्रा के लिए शीतकाल का समय टाल दिया जाए तो अधिक उपयुक्त होगा। डॉक्टर का परामर्श मेरी भावना के अनुरूप था। मैंने कहा - हमने डॉक्टर साहब को याद किया है तो इनके सुझाव पर भी ध्यान देना होगा।

भीनासर, कृष्णा चतुर्थी शनिवार 1 नवंबर १९७८, प्रात: कालीन प्रवचन का समय, मैंने अप्रत्याशित रूप से राजलदेसर मर्यादा महोत्सव की घोषणा कर दी। उस समय मुनि नथमल जी वहां नहीं थे, उन्हें 2 दिन पूर्व ही में जैन विश्व भारती लाडनूं के लिए प्रस्थान करा चुका था। मेरे मन में उस समय, विक्रम संवत 2035 मिगसर कृष्णा तृतीया (शुक्रवार 17 नवंबर 1978) स्पष्ट धारणा हो गई थी कि इस मर्यादा महोत्सव पर मुझे कोई निर्णय लेना है। भीनासर से हम मोमासर गए और मोमासर से, माघ कृष्णा नवमी को राजलदेसर पहुंचे। उसी दिन मुनि नथमल जी लाडनूं से चलकर राजलदेसर पहुंच गए।

बसंत पंचमी के दिन प्रात: काल साध्वी प्रमुखा कनकप्रभा नया राजोहरण, चोलपट्टक और पछेवड़ी लेकर आई और बोली - यह उपकरण मुनि श्री नथमल जी को देने की कृपा करें। मैंने उनके निवेदन पर रूखापन दिखाते हुए कहा, इन्हें वापस ले जाओ। यह शब्द सुनकर उसने आश्चर्य के

साथ मेरी ओर देखा, पर पूछा कुछ भी नहीं। बाद में उसने बताया कि उस दिन मैं इस बात में उलझ गई कि हो क्या गया? मुझसे कोई भूल हो गई या मुनि श्री के प्रति आचार्य श्री की नाराजगी है। लाए उपकरण वापस ले जाने के लिए क्यों कहा? वह दूसरे दिन आई तब मैंने उससे कहा- कल महोत्सव में आओ तब एक नई पछेवड़ी साथ में ले आना। वह कुछ समझी नहीं। तब मैंने उसको थोड़ा सा संकेत दे दिया। कनक प्रभा को संकेत देने के बाद एक बार मेरे मन में आया कि जनता को भी संकेत दे दिया जाए, किंतु तत्काल चिंतन बदल गया। फिर भी मैंने प्रवचन के समय इतना कह दिया कि मर्यादा महोत्सव का आयोजन बहुत महत्वपूर्ण होता है, जो लोग ऐसे अवसर खो देते हैं उन्हें बाद में अनुताप करना पड़ता है। इस बात से कुछ लोगों ने अटकलें लगाईं और अधिकांश व्यक्ति कुछ नहीं समझ पाए।

सप्तमी के दिन कनकप्रभा आई तो मैंने पूछा - तुम्हारे पास कोई पत्र है? उसने नकारते हुए कहा- अभी साध्वियों को भेजकर मंगवा लूं? मैंने मना कर दिया। क्योंकि मैं नहीं चाहता था किसी भी साधु - साध्वी को अनुमान लगाने का अवसर मिले। उसने अपनी कॉपियां संभालीं। उसमें श्रावक सम्मेलन के लिए तैयार किए गए मेरे वक्तव्य के मुद्रित फोल्डर थे। उसके पीछे का पृष्ठ खाली था। उसने भी प्रस्तुत किए और मेरा निर्देश पाकर अंतिम पृष्ठ अलग कर मुझे दे दिया। भोजन के बाद मैं कमरे में अकेला बैठा, बिल्कुल एकांत था वहां। लगभग 11:30 बजे मैंने नियुक्ति पत्र लिखा। पत्र संपन्न करने से पहले ही कनकप्रभा दो साध्वियों के साथ वहां पहुंच गई। पत्र पूरा लिखकर मैंने उसे कनकप्रभा को पढ़ने के लिए दिया। वह पत्र पढ़ लौटकर आने लगी तो मैंने कहा - इसमें साक्षी तुम्हारी रहेगी, तुम अपने हस्ताक्षर कर दो। वह बोली - मेरी साक्षी की क्या अपेक्षा है? मैंने कहा- तुम्हारा कथन ठीक है। हमारी प्राचीन परंपरा में ऐसी कोई विधि नहीं है किंतु आज के युग में मैं इसे आवश्यक मानता हूं। तुम 500 से अधिक साध्वियों का प्रतिनिधित्व करती हो, इसलिए तुम्हारे साक्ष्य का भी ऐतिहासिक मूल्य है। उसने हस्ताक्षर कर पत्र लौटा दिया। मैंने उसे अपनी पुस्तक मंजूषा में रख दिया।

इस प्रकार पूरी तैयारी के बाद हम मर्यादा महोत्सव के लिए बने पंडाल में पहुंच गए। विशाल प्रवचन पंडाल खचाखच भरा था। महोत्सव का कार्यक्रम शुरू हुआ। साधु साथियों के वक्तव्य हुए। मैंने मर्यादा गीत का संगान किया:

वार्षिक मर्यादोत्सव आया।

खुशियों की झोली भर लाया।।

गीत के ध्रुवपद से किसी अकल्पित प्रसन्नता की झांकी मिल रही थी। मर्यादा के बारे में मुझे जो कुछ कहना था, कहा। उसके बाद मैंने एक नया मोड़ देते हुए कहा- मैं अपने जीवन के 64 बसंत पार कर 65वें वर्ष से गुजर रहा हूं। इस वर्ष में एक नई घोषणा करना चाहता हूं।

यह शब्द सुनते ही सभा में सन्नाटा छा गया। साधु साध्वी अभी चौकन्ने हो गए। मैं आगे फिर बोलने लगा- मैं आज अपने उत्तराधिकारी के नाम की घोषणा करना चाहता हूं। मेरे पूर्ववर्ती सभी

आचार्य इस उम्र से पहले- पहले अपना भार सौंप कर निश्चिंत हो गए थे। यद्यपि मैं आज भी स्वस्थ हूं, फिर भी मैं चाहता हूं कि जो काम करना है उसे आज ही संपन्न कर दूं।

लोगों की उत्सुकता और बढ़ गई। किसका नाम आता है ? प्रश्न चिह्न सबकी मुखाकृतियों पर उभर आया। मैंने उस दिन पंडाल की जो स्थिति देखी, ऐसी कभी नहीं देखी। मैंने कहा मैं जिनका नाम घोषित करूंगा, नाम पुराना है। भारत वर्ष में ही, बाहर नहीं। मेरी दृष्टि में, मेरी आज्ञा में, मेरे चिंतन और इंगित पर चलने साधु का नाम है। साधु सक्षम है मेरा दायित्व निभाने को। आप लोग आतुर हो रहे होंगे। मेरे समूचे जीवन का सबसे बड़ा निर्णय है। किसी साधु को कल्पना नहीं है कि आज क्या होने वाला है। यह पत्र (उत्तराधिकारी पत्र) आज ही के दिन ११.३० बजे लिखा है।

जनता की उत्सुकता बढ़ती जा रही थी। सबका मन चारों ओर दौड़ रहा था, किंतु आंखें मेरी ओर थीं। नथमल जी मेरे पास ही बैठे थे, मैंने उन पर दृष्टिक्षेप किया। वे स्वयं गंभीर चिंतन की मुद्रा में थे, मानो क्या कुछ होने वाला है इसकी थाह पाने की कोशिश कर रहे हों। मैंने कहा - खड़े हो जाओ। आगे कुछ कहूं, उसे सुनने के लिए जनता अधीर थी। मैंने कहा- नथमल जी! खड़े हो जाओ। इतना कहते ही पूरा पंडाल हर्ष ध्वनि से गूंज उठा। मैंने उत्तराधिकारी पत्र पढ़कर मुनि नथमल जी को दिया। उसके बाद नई पछेवड़ी स्वयं ओढ़ी, फिर उसे उतारकर उन्हें ओढ़ा दी। लगभग 20000 की उपस्थिति में जो उल्लासमय वातावरण बना, वह अद्भुत- अपूर्व था। इसके लिए भी और कोई शब्द गढ़ा जाए तो वह छोटा ही रहेगा।

मुनि नथमल जी मेरे उत्तराधिकारी बने। एक और मुनि हमारे धर्म संघ में मुनि नथमल जी के नाम के हैं। हमारी परंपरा के अनुसार आचार्य का नाम दूसरे मुनि का नहीं होना चाहिए। मैंने सोचा - मुनि नथमल जी का नाम बदलूं, यह नई बात नहीं होगी। इनका नाम बदल दिया जाए, यह भी एक नया काम होगा। यह सोच कर मैंने उसी समय उन्हें प्रदत उपाधि महाप्रज्ञ को उनका नाम घोषित कर दिया। उस समय हजारों- हजारों आंखों ने मुनि नथमल जी के बदले हुए परिवेश को युवाचार्य महाप्रज्ञ के रूप में देखा। मैं अपना काम पूरा कर निश्चिंत हो गया।

उत्तराधिकार पत्र

अर्हम नमोत्थुणं समणस्स भगवओ महावीरस्स

श्री भिक्षु भारीमाल ऋषिराय जयजश मघवा माणक डालचंद कालु गुरुभ्यो

मैं आज तेरापंथ धर्मसंघ 115 मर्यादा महोत्सव - समारोह में अपने उत्तराधिकारी के रूप में महाप्रज्ञ शिष्य मुनि नथमल को नियुक्त करता हूं। मुनि नथमल प्रारंभ से ही मेरे प्रति समर्पित रहा है और अनिवर्चनीय आनंद की अनुभूति कराता रहा है। मेरा विश्वास है कि मुनि नथमल अपने दायित्व का समग्रता से निर्वाह करते हुए हमारे धर्म संघ को उत्तरोत्तर विकासोन्मुख बनाता रहेगा।

विक्रम संवत 2035 माघ शुक्ला ७ शनैश्चर वार, राजलदेसर (राज) ३.२.१९७९ आचार्य तुलसी साक्षी साध्वी प्रमुखा कनकप्रभा आचार्य तुलसी आगे स्वयं लिखते हैं - मैं चाहता हूं कि युवाचार्य मात्र एक क्षण के लिए मेरे आसन पर बैठें। यह संकोच कर रहे हैं। गुरुदेव के आदेश को सुनकर भी श्री महाप्रज्ञ सकुचाय और मंद स्वर में बोले - गुरुवर अभी मेरे में इतनी शक्ति कहां, जो मैं इस आसन पर बैठ सकूं। मैं तो सदा आपके चरणों में बैठता रहूंगा। गुरुदेव ने कहा- तुम्हें मेरे उत्तरदायित्व को निभाना है और इस आसन को सुशोभित करना है। आज नहीं तो कल तुम्हें बैठना ही होगा। आओ, क्षण भर के लिए मेरे साथ बैठो। गुरुदेव ने हाथ खींच कर क्षण भर के लिए उन्हें अपने साथ बिठा लिया। फिर कहा- मुझे बहुत प्रसन्नता है इस दायित्व को सौंप कर।

मुनि नथमल जी को श्रद्धेय गुरुदेव कालूगणी ने दीक्षित कर मुझे सौंप दिया। वह मेरे पास पढ़े और बढ़े। मेरे प्रति उनका समर्पण भाव उस समय भी अद्भुत था। इनकी गति - प्रगति देखकर मुझे प्रसन्नता होती थी। यह आचार कुशल (जो आचार्य पद की योग्यता का सर्वोत्कृष्ट मानक है) है प्रकृति से ऋजु, विवेकशील, प्रखर मेघा के धनी, असाधारण अध्ययनशील, दृष्टि संपन्न और विस्मृतप्राय जैन साधना पद्धति को उजागर करने वाले और सर्वात्माना गुरु दृष्टि की आराधना करने वाले हैं। जैन धर्म और तेरापंथ धर्म संघ की प्रभावना में इनका असाधारण योगदान रहा है।

आचार्य तुलसी लिखते हैं कि जीवन में मैंने अनेक निर्णय लिए, नवीन प्रवृति प्रारंभ की, सभी में यश के साथ आलोचना भी हुई। उत्तराधिकारी नियुक्ति का ये ऐसा कार्य हुआ है, जिसमें प्रसन्नता ही प्रसन्नता है, यश ही यश मिला है। आलोचना का स्वर है ही नहीं।

आचार्य पदासीन - इतिहास की विरल घटना

आचार्य पद पर श्री महाप्रज्ञ की नियुक्ति ने भी तेरापंथ धर्मसंघ में एक नए इतिहास का सृजन किया। आचार्य श्री महाप्रज्ञ के शब्दों में -

माघ शुक्ला सप्तमी विक्रम संवत 2050 (18 फरवरी 1994) सुजानगढ़,(राजस्थान) प्रात: काल के समय सूर्योदय के आसपास मैं पूज्य गुरुदेव श्री तुलसी की सन्निधि में उपस्थित हुआ। गुरुदेव ने मुझे एक अलौकिक दृष्टि से देखा। उस दृष्टि निक्षेप ने ही मुझे अनुभव करा दिया कि आज कुछ नया होने वाला है। सभी ने मुझे युवाचार्य मनोनयन की बधाई दी। 15 वर्ष पूर्ण हो चुके थे, 16वें वर्ष में चरण न्यास। पूज्य गुरुदेव ने अपने मंगल आशीर्वाद में कहा- हमारे युवाचार्य अभी तक नाबालिग हैं, साबालिग नहीं बने हैं। यह अच्छा भी है बचपन में जितना श्रम, जितना ग्रहण होता है उतना बाद में नहीं। इनमें ग्रहणशीलता है और वितरण की क्षमता भी है। इनको दायित्व सौंपे15 वर्ष हो रहे हैं पर अभी तक इन्होंने अपना दायित्व संभाला नहीं है। यह पहला वर्ष है कि इन्होंने इस रूप से दायित्व निभाना आरंभ किया है। इतने दिनों तक यह नाम निक्षेप ही रहे, अब भाव निक्षेप बन रहे हैं।

अचानक गुरुदेव ने मेरी ओर संकेत किया। मैं पट से नीचे उतरा। गुरुदेव के पास खड़ा हो गया। पूज्य गुरुदेव ने फरमाया- मैं राजलदेसर के युवाचार्य मनोनयन के नयनाभिराम दृश्य का पुन: सजीव बनाना चाहता हूं। आओ युवाचार्य जी मेरे साथ पट पर बैठो। गुरुदेव के समकक्ष कैसे बैठूं, संकोच हो रहा था। मैं कुछ निवेदन करता, उससे पूर्व गुरुदेव ने हस्तावलंब के साथ पट्ट पर बिठा दिया। मैंने गुरुदेव के मुखमंडल पर नई आभा, नई चमक, नई प्रसन्नता देखी। मुझे लगा, आज कोई विशिष्ट मनोभाव है।

सुजानगढ़ का विशाल लोहिया स्टेडियम, दोपहर का समयऔर हजारों लोगों की उपस्थिति। मध्यान्ह में मर्यादा महोत्सव का कार्यक्रम प्रारंभ हुआ। कार्यक्रम का संचालन महाश्रमण मुनि मुदित कुमार (वर्तमान आचार्य महाश्रमण जी) कर रहे थे। कार्यक्रम के अंत में चातुर्मास की घोषणा होने वाली थी। गुरुदेव तुलसी ने वह कॉपी जिसमें चातुर्मास लिखे हुए थे, वह श्री महाप्रज्ञ को सौंपते हुए कहा -"लो चातुर्मास बताओ, तुम्हें भी तो आखिर यह सीखना होगा।" फिर आचार्य श्री तुलसी ने कॉपी देकर जनता से कहा- "हमने घर की चाबियां सौंप दी हैं।" चातुर्मासों की घोषणा युवाचार्य महाप्रज्ञ जी ने की। कार्यक्रम संपन्नता की ओर था, महाश्रमण मुनि

मुदित कुमार जी (वर्तमान आचार्य महाश्रमण जी) कार्यक्रम संपन्नता की तैयारी कर रहे थे, तभी युवाचार्य श्री महाप्रज्ञ ने इंगित किया कि अभी कार्यक्रम बाकी है। लगभग 4:00 बजे का समय तो गुरुदेव तुलसी ने लोगों की उत्सुकता को जगाते हुए कहा - आज कुछ नया होने वाला है। वह क्या होगा? उसकी प्रतीक्षा कीजिए। कहीं ऐसा न हो, आप उस कार्यक्रम से वंचित रह जाएं। सब में नए प्रयोग, नए उन्मेष की कल्पना होने लगी।

आचार्य श्री तुलसी ने युवाचार्य श्री महाप्रज्ञ को निर्देश दिया- खड़े हो जाओ, वे तत्काल विनम्र मुद्रा में आचार्य श्री तुलसी के सामने खड़े हो गए। आचार्य श्री तुलसी ने प्रफुल्ल शब्दों में कहा, "एलयूं तो मैं बार-बार कहता रहता हूं कि तुम अपना काम संभालो। संघ व्यवस्था अपने हाथ में लो। पर वह काम पूरा नहीं हुआ। इसलिए अब मैं अपना आचार्य पद का भार तुम्हें सौंप रहा हूं। हस्तांतरित कर रहा हूं। भिक्षु स्वामी एवं भारमल जी स्वामी साथ-साथ रहे। जयाचार्य ने मघवा को काम सौंपा। तुम्हें युवाचार्य बनाए 15 वर्ष हो गए हैं। पर पूरा कार्य मैं ही कर रहा हूं। तुम कार्य सक्षम होते हुए भी दूसरे कार्य में लगे रहे। मैं इस दायित्व को तुम्हें सौंपकर अपनी साधना और मानव - जाति के लिए व्यापक कार्य में लग रहा हूं।"

इस अवसर पर आचार्य श्री तुलसी ने लिखित आलेख भी पढ़ा - 'तेरापंथ के भाग्य विधाता आचार्य भिक्षु और भिक्षु शासन की परंपरा के अनुसार आचार्य अपने उत्तराधिकारी के रूप में युवाचार्य की नियुक्ति करते हैं और मैंने भी की। पूर्ववर्ती किसी भी आचार्य ने अपने युवाचार्य को आचार्य के रूप में नहीं देखा। मैं इसे देखना चाहता हूं। अत: मैं निर्देश देता हूं कि युवाचार्य महाप्रज्ञ आचार्य पद का दायित्व संभालें।

तेरापंथ धर्म संघ में भावी आचार्य का मनोनयन वर्तमान आचार्य करें। यह विधान है। एक आचार्य के महाप्रयाण के बाद मनोनीत मुनि आचार्य बनते हैं। आचार्य श्री तुलसी ने एक नए इतिहास का

सृजन किया, अपने जीवनकाल में आचार्य पद का विसर्जन कर अपने युवाचार्य को ही आचार्य पद पर प्रतिष्ठित कर दिया।

श्री महाप्रज्ञ ने प्रत्युत्तर में कहा, "पूज्य आचार्य प्रवर, गण के कार्य और विस्तार को ध्यान में रखकर आप व्यवस्था को नया रूप देना चाहते हैं। यह आपका युग अनुरूप चिंतन है। आप आध्यात्म के उच्च शिखर पर पहुंच चुके हैं। अत: आप हमारी एक नेतृत्व की परंपरा के नियंता, अनुयोग के नियामक तथा आध्यात्मिक गुरु के पवित्र आसन पर विराजमान होकर 'गणधिपति गुरुदेव' के पद को सुशोभित करें। चतुर्विध धर्म संघ के साग्रह अनुरोध को देखते हुए पूज्य गुरुदेव ने अपनी स्वीकृति प्रदान की। आचार्य तुलसी ने अपना आचार्य पद **पर** श्री महाप्रज्ञ को प्रतिष्ठित कर दिया। श्री महाप्रज्ञ अब तेरापंथ धर्म संघ के दसवें आचार्य बन गए। आचार्य तुलसी गणधिपति गुरुदेव के पद पर प्रतिष्ठित हो गए। एक नए इतिहास का सृजन हो गया।

आचार्य महाप्रज्ञ के जैन धर्म - मानवता को अपूर्व अवदान

जैन आगम संपादन

आचार्य महाप्रज्ञ ने ढाई हजार वर्ष पूर्व कहे गए व उत्तरवर्ती आचार्यों द्वारा लिखे गए जैन आगमो का युगीन परिवेश में संपादन किया। यह एक ऐसा महान कार्य है जिसमें आचार्य महाप्रज्ञ जी की मेघा एवं श्रम बिंदुओं का प्रत्यक्ष दर्शन होता है। यह कहना अतिशयोक्ति नहीं होगी, आचार्य महाप्रज्ञ जी के बिना, यह कार्य होना दुरूह होता।

पृष्ठभूमि

विक्रम संवत २०१२ (ईस्वी सन १९५५) आचार्य श्री तुलसी महाराष्ट्र की यात्रा कर रहे थे। 7 मार्च 1955 को आचार्य श्री तुलसी मंचर गांव पधारे। वहां प्रवास की व्यवस्था सेठ राजमल जैन के मकान में थी। अपराह्न का समय, आचार्य श्री तुलसी गोचरी के पश्चात विराजमान थे। पत्र-पत्रिकाएं देख रहे थे। अनायास ही आचार्य श्री के हाथ में धर्म दूत नामक पत्र आया। पत्र में बौद्ध पिटकों के पुन: संपादन और प्रकाशन की बात थी। इस संवाद को पढ़ते ही आचार्य श्री के दिमाग में विचारों की लहर उठी। उन्होंने सोचा - बौद्ध साहित्य पर अब तक काफी काम हो चुका है, लेकिन जैन आगम इतने महत्वपूर्ण होते हुए भी जैन विद्वानों का इस तरफ ध्यान ही नहीं गया है। क्या जैन साहित्य- जैन आगम के पुनरुद्धार की अपेक्षा नहीं है? आचार्य श्री तुलसी के मस्तिष्क में विचारों की उथल-पुथल मच गई। कुछ करने के लिए मन बेचैन हो उठा। आचार्य श्री तुलसी ने तत्काल मुनि श्री नथमल जी (आचार्य महाप्रज्ञ) को बुलाया, आचार्य श्री ने धर्मदूत उनके हाथ में देते हुए कहा- देखो बौद्ध पिटकों के संपादन और प्रकाशन की योजना बन रही है। क्या हम भी जैन आगमों के संपादन का काम हाथ में ले सकते हैं? मुनि श्री नथमल जी ने कहा, "अवश्य! चिंतन बहुत सुंदर है।" आचार्य श्री तुलसी ने कहा- क्या यह हो सकेगा? मुनि श्री नथमल जी ने उत्तर दिया- इसमें सोचने की

क्या अपेक्षा है। आपका जो भी संकल्प होगा, वह अवश्य फलवान बनेगा। आचार्य श्री तुलसी बहुधा फरमाया करते थे कि मैं स्वपन देखता हूं और उन सपनों को पूरा करने का काम आचार्य महाप्रज्ञ करते हैं।

उसी दिन रात्रि में सहज रूप से सब संतों की गोष्ठी हुई। आचार्य तुलसी ने आगम संपादन के निर्णय की जानकारी दी। उपस्थित सभी संतों ने बहुत प्रमुदित और हर्ष भाव से आगम संपादन कार्य करने की इच्छा व्यक्त की।

विक्रम संवत 2012 चैत्र शुक्ल त्रयोदशी, भगवान महावीर का जन्मदिवस औरंगाबाद में आचार्य श्री तुलसी ने घोषणा की - जैन आगमों का आधुनिक और वैज्ञानिक ढंग से संपादन करना है। मूल पाठ का संशोधन, संस्कृत छाया, हिंदी अनुवाद, समीक्षात्मक टिप्पणी आदि संपादन के जितने अंग हैं, **सभी पर** समग्र रूप से काम करना है।

4 जुलाई 1955, उज्जैन चातुर्मास, आषाढ़ शुक्ला चतुर्दशी से आचार्य जी तुलसी ने तेले की तपस्या की। श्रावक श्री मदन जी गोठी से मंगल वस्तुओं के रूप में अच्छी पीपल का पत्ता मुनि श्री नथमल जी (आचार्य महाप्रज्ञ) को दिया। काफी संख्या में साधु - साध्वियों ने भी तेले किए। यह तेले की तपस्या, आगम संपादन कार्य के मंगल प्रारंभ के रूप में की गई। ज्ञातव्य रहे, आचार्य भिक्षु ने तेरापंथ स्थापना के समय भी आषाढ़ शुक्ला चतुर्दशी को तेला किया था।

आगम संपादन के संदर्भ में आचार्य श्री तुलसी एवं मुनि नथमल जी (आचार्य महाप्रज्ञ जी) का दृष्टिकोण स्पष्ट था- 'आगम संपादन में पूरी तरह से निरपेक्ष दृष्टिकोण एवम् तटस्थता रखनी है। यह कार्य करते समय हमारी दृष्टि में कोई सांप्रदायिक आग्रह ना हो। आगम के मूल अर्थ में कहीं कोई सांप्रदायिक परंपरा भिन्न हो तो उसका उल्लेख पाद टिप्पणी में कर सकते हैं। हमें यह कार्य वेतन भोगी पंडितों से नहीं करवाना है। हमें अपने पूरे पुरुषार्थ का उपयोग करना है और उसमें अपने समग्र श्रम का नियोजन करना है।

आगम संपादन के कार्य का प्रमुख दायित्व आचार्य श्री तुलसी ने मुनि नथमल जी (आचार्य महाप्रज्ञ जी) को सौंपा। प्राथमिक रूप से दो काम प्रारंभ करने का संकल्प किया गया- (१) आगमों का हिंदी अनुवाद (२) शब्द सूची। हिंदी अनुवाद का काम जितना उपयोगी था उतना ही कठिन। शब्द सूची का काम बहुत बड़ा था। हिंदी अनुवाद का काम मुनि श्री नथमल जी (आचार्य महाप्रज्ञ) ने अपने हाथ में लिया, २५०० वर्ष में भाषा का स्वरूप, अर्थ, प्राचीन प्राकृत भाषा का व्याकरण, आधुनिक प्रयोग, शब्द किस संदर्भ में प्रयुक्त हुआ है, इन सब बातों को ध्यान में रखकर अनुवाद करना होता है। शब्द सूची का संयोजन करने का काम विभिन्न साधु - साध्वियों में विभाजित किया गया। उज्जैन चातुर्मास में आशातीत कार्य हुआ। बत्तीस आगमों की शब्द-सूचियां तैयार हो गईं। तेरापंथ धर्म संघ के सुश्रावक श्री श्रीचंद जी रामपुरिया, इस कार्य में प्रारंभ से जुड़े रहे।

आचार्य श्री महाप्रज्ञ जी के शब्दों में- 'जब आगम संपादन का कार्य शुरू किया, तो मैंने सोचा कि कार्य अधिकता से कहीं मानसिक रूप से वृद्धत्व जल्दी ना आ जाए, इसलिए दिन को तीन भागों में विभाजित किया।

आनंदोपासना - प्रात:कालीन ध्यान स्वाध्याय आदि के रूप में व्यक्तिगत साधना।

ज्ञानोपासना - मध्यान्ह में आगम संपादन का कार्य।

शक्ति - उपासना- रात्रि में जप ध्यान आदि।

सन १९५६ आचार्य श्री तुलसी का चातुर्मास सरदार शहर। जर्मन स्कॉलर डॉक्टर गुस्ट़ाव रोथ मिलने आए। वे जैन तीर्थंकर 'मल्ली कुमारी' पर शोध ग्रंथ लिख रहे थे। उन्हें जैन दर्शन का अच्छा ज्ञान था। आगम संपादन के संबंध में चर्चा चली। आचार्य तुलसी ने उनसे पूछा,"आगम संपादन के संपूर्ण कार्य में आपकी दृष्टि से कितना समय लगेगा?" डॉक्टर. रोथ कहा - कम से कम 100 वर्ष लगेंगे। फिर उन्हें करीब डेढ़ वर्ष की अवधि में किया गया कार्य बताया गया। उन्होंने देखकर आश्चर्य प्रकट करते हुए कहा- "आचार्य जी मुझे विश्वास नहीं होता कि इतने कम समय में इतना काम हो सकता है। अब तक किए गए कार्य को देखकर और आपकी कार्यगति को देखकर फिर भी मैं कहता हूं कि 50 वर्ष तो लग ही जाएंगे।" आचार्य श्री ने कहा- हमने तो आगम संपादन कार्य संपूर्ण करने का लक्ष्य 5 वर्ष का रखा है। डॉक्टर रोथ ने कहा- फिर तो ऐसा कार्य रद्दी की टोकरी में फेंकने जैसा ही होगा। विक्रम संवत 2012 में शुरू हुआ यह कार्य आज विक्रम संवत 2079 वर्ष तक चल रहा है। लगभग-लगभग ६७ वर्ष के ऊपर का समय बीत चुका है। आचार्य तुलसी, उसके बाद आचार्य श्री महाप्रज्ञ जी और अब आचार्य श्री महाश्रमण जी भी आगम संपादन के कार्य में लगे हुए हैं। आचार्य श्री महाप्रज्ञ जी की विद्यमानता में आगम कार्य काफी अंशों में हो गया था।

आगमों की भाषा प्राकृत है। प्राकृत कभी जनजीवन की भाषा थी। आज उसे समझने वाले व्यक्ति बहुत ही कम हैं। आगम विद्वानों के साथ जनसामान्य के लिए उपयोगी बन सके, इस दृष्टि से आगम संपादन का कार्य किया गया। यह कार्य कितना कठिन था और समस्याओं से परिपूर्ण था- आचार्य महाप्रज्ञ जी ने इन समस्याओं का समग्रता से चित्रण किया है- ' आगम संपादन कार्य में अनेक कठिनाईयां हैं। सबसे बड़ी कठिनाई है मूल पाठ के संशोधन की। संशोधन का अर्थ, उसका परिवर्तन या नवीनीकरण नहीं, किंतु उनके मौलिक रूप का अन्वेषण है। लिपि- दोष, दृष्टि- दोष के कारण ऐसे पाठ भेद हैं, जिनमें मूल पाठ को ढूंढ निकालना सहज कार्य नहीं है। आज यह लगभग ११०० वर्ष पश्चात आगम की वाचना का कार्य हो रहा है। अर्थभेद का तनाव भी कम नहीं है। मध्यकाल में अनेक आचार्य हुए। उन्होंने अनेक रहस्यों का उद्घाटन और विविध विचारों का स्थिरीकरण किया। सबसे बड़ी कठिनाई है सत् संप्रदाय परंपरा का विच्छेद। परंपरा का मौलिक स्रोत उपलब्ध नहीं है। इसलिए अर्थ भेद की बहुलता है। उनके मनन चिंतन और स्वाध्याय की भी चिंतनीय कमी है। अर्थ भेद और विचार भेद का यह भी बहुत बड़ा हेतु है। टीका, टब्बे आदि-आदि जो हैं, वे भिन्न-भिन्न आचार्यों द्वारा लिखे गए हैं।

आचार्य श्री तुलसी व आचार्य श्री महाप्रज्ञ जी की यात्रा, जनसंपर्क, अन्य संघ के प्रशासनिक कार्य, श्रावक समाज की संभाल आदि कार्य के साथ-साथ आगम कार्य निरंतर गतिमान रहा। इसमें अब तक 32 आगमों के मूल पाठ का संशोधन, अनेक आगमों का अनुवाद, समीक्षात्मक टिप्पणी, अनेक शब्द कोषों का निर्माण हो चुका है।

आगम संपादन के इस कार्य में अनेक आरोह और अवरोह आए। इन सभी स्थितियों के बावजूद आगम संपादन का संकल्प सिद्धि प्राप्त करने के लिए साधना की कसौटी पर चढ़ा रहा। आचार्य श्री महाप्रज्ञ जी इस कार्य की संपूर्ति के प्रति जीवन भर निष्ठावान रहे। वे कहते थे कि आगम संपादन का जो कार्य आचार्य तुलसी के समय से प्रारंभ हुआ है। उसे 50 वर्ष हो चुके हैं।अभी आधी शताब्दी और लगेगी। और लगभग इस योजना में 100 ग्रंथ प्रकाशित होंगे। 100000 पृष्ठ की सामग्री होगी। यह भारतीय साहित्य की एक बहुत बड़ी सेवा होगी।

एक समालोचित संत- आचार्य श्री महाप्रज्ञ जी ने अनेक महत्वपूर्ण कार्य किए हैं, लेकिन उन्होंने आगम संपादन के संदर्भ में किया, वह कार्य ही उन्हें अमर और महान बना गया।

पंडित दलसुख मलावणिया,पंडित सुखलाल जी सिंघवी, आचार्य हजारी प्रसाद द्विवेदी, डॉ. हीरालाल जैन, उपाध्याय अमर मुनि, डॉक्टर राजाराम जैन, डॉ. डी.एस.कोठारी, कपूरचंद कुलिश, श्री कीरट जोशी, डॉक्टर सच्चिदानंद मूर्ति आदि अनेको-अनेक विद्वानों ने इस कार्य का रचनात्मक मूल्यांकन किया है।

आचार्य महाप्रज्ञ जी ने आगम संपादन के कार्य को तेरापंथ धर्म संघ एवं अपने भाग्य उदय का महान हेतु माना है - मैं आगम संपादन के कार्य को मेरे चिंतन और दार्शनिक दृष्टि के विकास का सर्वोत्तम साधन मानता हूं। आगम संपादन के कार्य में जितना श्रुत का अवगाहन किया, उतना किसी अन्य कार्य के लिए नहीं किया। यह किसी अतिशयोक्ति के बिना विनम्रतापूर्वक कहा जा सकता है। मेरा स्पष्ट मत है, सुस्थर मत है कि आचार्य तुलसी के मस्तिष्क में आगम संपादन का संकल्प, तेरापंथ के भाग्योदय का बहुत बड़ा कारण बन गया। मेरे भाग्योदय का सर्वाधिक हेतु बना। आगम संपादन में नियोजित कृतित्व ने सत्य शोध के प्रति समर्पण भाव को जन्म दिया।

आचार्य श्री महाप्रज्ञ ने आगम वांग्मय के संपादन विवेचन में सांप्रदायिक और अनाग्रह दृष्टिकोण से कार्य किया। इसलिए आगमों के प्रचलित अर्थों से हटकर नए अर्थ और नए संदर्भ प्रस्तुत कर पाए। उन्होंने अनेकांत के दृष्टिकोण का प्रयोग किया। इसे हम दो उदाहरणों से समझ सकते हैं।

जैन धर्म में जमीन कंद आदि के त्याग की एक परंपरा रही है। अनेक जैन संप्रदायों में जमीन कंद के उपभोग को हेय दृष्टि से देखा जाता है। आचार्य श्री महाप्रज्ञ जी ने बताया जैन आगमों में जमीन कंद को न खाने का कहीं उल्लेख प्राप्त नहीं होता। केवल सचित पदार्थ (सजीव) न खाने का विधान है। किंतु बहुसंख्यक जैन समाज जमीकंद के उपभोग को मान्य नहीं करता।

जमीकंद में जो खाद्य पदार्थ माने गए हैं उनमें एक है आलू। आपने जैन आगमों में प्रयुक्त आलू शब्द का, वर्तमान में उपयोग में आ रहे आलू के साथ तुलनात्मक विश्लेषण किया। और यह निष्कर्ष निकाला आगमों में जिस आलू शब्द का प्रयोग हुआ है, वह वर्तमान आलू का वाचक नहीं है। जमीकंद नहीं है। प्रस्तुत संदर्भ में भगवती भाषा शतक 7 सूत्र 66 उल्लेखनीय बादर वनस्पति के दो प्रकार हैं १.प्रत्येक शरीर वाली २. साधारण शरीर वाली। जिसके एक शरीर में एक जीव होता है वह वनस्पति प्रत्येक शरीर वाली कहलाती है। जिसके एक शरीर में अनंत जीव होते हैं, वह वनस्पति साधारण शरीर वाली कहलाती है।

वनस्पति का वर्ग इन चार आगमों में मिलता है-

उत्तरज्झयणाणि,भगवई,

जीवाजीवाभिगमे,पणणावणा।

उत्तरज्झयणाणि के वर्गीकरण में प्याज और लहसुन को आनंद जी की कोठी में रखा गया है। भगवई और जीवाजीवाभिगमे के अनंत जीव विषयक वर्गीकरण में इनका उल्लेख नहीं है। पणणावणा में इन्हें प्रत्येक शरीर वाले जीवों की कोटी में रखा गया है।

इस सूत्र में आया आलूए (आलुकम) शब्द विमर्शनीय है। इसका वास्तविक अर्थ आलुक या आलु है जो आलू या पटेटो नहीं है क्योंकि-

1. आलू या पोटैटो नामक पौधा भारतीय नहीं है। इसे भारत में पुर्तगाली लोग लाए थे। मूलत: इसे दक्षिण अमेरिका से यूरोप ले गए थे। इसकी मूल उत्पत्ति चिल्ली है। इस स्थिति में इसका संबंध प्रस्तुत सूत्र के आलुए के साथ नहीं जोड़ा जा सकता।
2. आप टिकट संस्कृत अंग्रेजी कोर्स के अनुसार आलु - an esculent root (not applied to potato) अर्थात एक ऐसा खाद्य मूल जो आलू का द्योतक नहीं है।

आलू जमीन के अंदर होते हैं, तो भी इसको कंद कहना उचित नहीं है। मूंगफली जमीन के अंदर होती है तो भी हम उसे कंद की गणना में नहीं मानते। इसी प्रकार आलू भी जमीन में होने पर कंद नहीं है। इसके पौधों में से डंडी बनती है। इस डंडी में से शाखाएं निकलती हैं। और वह शाखाएं जमीन में घुस जाती हैं और फिर कंद के समान फूलती हैं अर्थात आलू तो stem tuber है, root tuber नहीं। कुछ जैन लोग आलू को कंदमूल मानकर उसका उपयोग नहीं करते। अत: इतना स्पष्टीकरण उचित प्रतीत होता है, खाना न खाना उनकी इच्छा का सवाल है, परंतु आलू कंदमूल नहीं है।

विद्युत सजीव या निर्जीव - जैन समाज में एक ज्वलंत प्रश्न है। तेरापंथ धर्म संघ में दीर्घकालिक चिंतन विश्लेषण एवं आगम आधार पर विद्युत को अजीब माना गया इस विषय में आचार्य श्री महाप्रज्ञ जी ने कहा- युग के साथ अनेक प्रश्न आते हैं। उन पर

चिंतन होता है। चिंतन व निर्णय के क्रम से कुछ नए समाधान और निष्कर्ष भी उभर कर सामने आते हैं। एक प्रश्न है बिजली सचित है या अचित। गुरुदेव श्री तुलसी के सान्निध्य में भी इस प्रश्न के संदर्भ में चर्चाएं चलीं और आखिर में निर्णय हुआ कि बिजली अग्नि नहीं है। ठाणे सूत्र में पृथ्वी काय के दो प्रकार किए गए हैं - परिणत और अपरिणत। पृथ्वी जब तक शास्त्र परिणत नहीं होती, सजीव होती है। शस्त्र परिणीति के बाद वह निर्जीव बन जाती है। वायु की भांति अग्नि भी सचित और अचित दोनों प्रकार की होती है। अग्नि के जीव सूक्ष्म एवम् बादर उभयविध है। हिंसा का संबंध सिर्फ बादर जीवों के साथ है, यहां उल्लेखनीय है कि बादर अग्निकाय के जीव सिर्फ मनुष्य लोक में ही होते हैं। नरक में भी भयंकर अग्नि होती है, लेकिन वह सचित नहीं होती है वह अचित है। वह अचित अग्नि भी बहुत भयंकर होती है। कहा जाता है कि एक नारकीय जीव को यदि वहां की अग्नि से निकालकर मनुष्य लोक की अग्नि में डाला जाए तो उसे अनुभव होगा, मुझे हिमालय में डाला गया है। मनुष्य लोक के अतिरिक्त कहीं भी जलती हुई अग्नि अचित है।विद्युत का सबसे बड़ा प्रमाण है, भगवती सूत्र के १६वें शतक बताया गया है कि - वायु काय के बिना अग्नि जल नहीं सकती। यदि अग्नि जलती है वहां अनिवार्य रूप से वायु चाहिए। इसके विपरीत विद्युत को यदि जलना है तो उसे वायु से रिक्त करना होगा। विद्युत तभी जलती है जब वायु का सर्वथा अभाव होता है। अतः जलती हुई बिजली भी अचित है। इसलिए विद्युत की घड़ी बांधकर सामायिक करना और भिक्षा देना आपत्तिजनक नहीं है। माइक में बोलना आपत्तिजनक नहीं है। कान में यंत्र लगाकर श्रवण करना आपत्तिजनक नहीं है। यद्यपि अब तक हमारे संघ में बिजली जलाना या बुझाना व्यवहार में निषिद्ध है। फिर भी यह ध्यान रहना चाहिए कि सिद्धांत विद्युत अचित है। आगम संपादन की यात्रा मुनि दुल्हराज लिखित पुस्तक अधिक जानकारी प्राप्त हो सकती है।

आचार्य महाप्रज्ञ जी संपादित आगम सूचि

1. आचारांगभाष्यम्
2. आगम अट्ठुतरी
3. आवश्यक निर्युक्ति भाग-01
4. आवश्यक निर्युक्ति भाग-02
5. आवस्सयं
6. आयावाओ
7. अणुओगदाराइं

8. आयारचूला

9. भगवई भाग-01

10. भगवई भाग-02

11. भगवई भाग-03

13. भगवई भाग-04

14. भगवई भाग-05

15. बृहत्कल्पभाष्यम् खण्ड-01

16. बृहत्कल्पभाष्यम् खण्ड-02

17. दसाओ

18. दसवेआलियं

19. इसिभासियाइं (ऋषिभाषितानि)

20. जीतकल्प सभाष्य

21. कप्पो (बृहत्कल्प)

22. नायाधम्मकहाओ

23. नंदी

24. निर्युक्तिपंचक

25. सूयगडो खण्ड-01

26. सूयगडो खण्ड-02

27. उवंगसुत्ताणि खण्ड-01

28. उवंगसुत्ताणि खण्ड-02

29. उवासगदसाओ

30. व्यवहार निर्युक्ति

31. निशीथ निर्युक्ति एवं भाष्य खण्ड-01

32. निशीथ निर्युक्ति एवं भाष्य खण्ड-02

33. निशीथ निर्युक्ति एवं भाष्य खण्ड-03

34. निशीथ निर्युक्ति एवं भाष्य खण्ड-04

35. स्थानांग टीका भाग-01

36. स्थानांग टीका भाग-02

37. स्थानांग टीका भाग-01

प्रेक्षा ध्यान

आचार्य महाप्रज्ञ का एक बहुत बड़ा अवदान है प्रेक्षा ध्यान पद्धति एवं जैन योग की पुन: स्थापना। इस युग की भाषा में आचार्य महाप्रज्ञ जी ने प्रेक्षा ध्यान पद्धति का निरूपण किया। जैन धर्म, भारत के प्राचीन धर्मों में से एक है, इसकी एक सुव्यवस्थित ध्यान पद्धति थी। आचार्य महाप्रज्ञ जी की सदैव दृष्टि रही, जानना और मानने में फर्क है। हम शास्त्रों को मानते हैं जानते नहीं हैं। मानने का अर्थ है विश्वास होना लेकिन जानने का अर्थ है आत्म साक्षात्कार करना। प्रत्यक्ष दर्शन की अनुभूति के लिए आचार्य महाप्रज्ञ जी ने ध्यान और योग के प्रत्यक्ष प्रयोग स्वयं किए और उन्हीं के आधार पर जैन योग एवं ध्यान की पद्धति को जन-जन के समक्ष रखा। जिसे हम प्रेक्षा ध्यान के नाम से जानते हैं।

1947 में आचार्य महाप्रज्ञ और अस्वस्थ हो गए लगभग 1 माह तक प्रतिश्याय से पीड़ित रहे। अनेक उपचार करने पर भी आप स्वस्थ नहीं हुए। आपने प्राकृतिक चिकित्सा एवं प्राणायाम के प्रयोग शुरू किए एवं तीन दिन में स्वस्थ हो गए। इसके पश्चात आपने प्राणायाम, योग, प्राकृतिक चिकित्सा संबंधी अनेक पुस्तकों का गहन अध्ययन किया। आसन प्राणायाम के साथ ध्यान की दिशा में प्रस्थान हो गया। आपने ध्वनि चिकित्सा के प्रयोग भी किए। आप उदात्त स्वरों में बीज मंत्रों की ध्वनि का नियमित अभ्यास करने लगे।

ध्यान साधना के बारे में आचार्य श्री महाप्रज्ञ जी के शब्दों में ही- ' ध्यान के संस्कार में पूर्व जन्म से लेकर आया था। मैं पुनर्जन्म में विश्वास करता हूं। मैं योगी होने की भविष्यवाणी में भी सार्थकता देख रहा हूं। मैं कह सकता हू कि ध्यान मेरे अव्यक्त में चल रहा था। एक निमित्त पाकर व्यक्त हो गया। प्रारंभिक अभ्यास मैंने' ॐ ' के प्रलबं उच्चारण से किया। आधा मिनट में ॐ का एक उच्चारण होता। इससे एकाग्रता बढ़ी और दीर्घ श्वास का सहज अभ्यास हो गया। विक्रम संवत 2006 से मैंने बीज मंत्रों (ह्रीं ऐं ह्रों ह्ंः) मंत्र का विशेष रूप से अभ्यास करना प्रारंभ कर दिया।

विक्रम संवत २००७ से २०११ तक आपके ध्यान एवम् बीज मंत्र ध्वनि योग विकास करते रहे। आपके शब्दों में 'विक्रम संवत 2007 हांसी चातुर्मास, मैं प्रात:काल प्रवजन के लिए दूर जंगल में जाता था। वहां एक बड़ी नहर थी। उसके पास में खड़े होकर मैं ॐ का प्रलंब ध्वनि में जप करता था। यह जप 20 से 30 मिनिट तक चलता था। उसकी आवाज दूर-दूर तक सुनकर आसपास के चरवाहे इकट्ठे हो जाते थे। इस प्रयोग से चेतना का कोई प्रसुप्त प्रकोष्ठ जागृत हुआ, ऐसा मैंने अनुभव किया। मैंने नमस्कार महामंत्र का प्रयोग 5 रंगों और 5 चक्रों के साथ प्रारंभ

किया। इस प्रयोग से एकाग्रता का विकास हुआ ही, किंतु अंतर्दृष्टि के जागरण के लिए मस्तिष्क के कुछ प्रकोष्ठों को भी सक्रिय होने में सहयोग मिला। जोधपुर चातुर्मास, विक्रम संवत 2010 में ध्यान की अवधि बढ़ा दी और मुझे अधिक आनंद की अनुभूति होने लगी। विक्रम संवत 2011 मुंबई चातुर्मास में मैंने 'विद्या अनुशासन' ग्रंथ पढ़ा और जैन शासन के मंत्रों का अध्ययन किया। मैंने मंत्र जाप के प्रयोग शुरू कर दिए। ध्वनि चिकित्सा के विषय में मैंने जो कुछ अध्ययन किया था मंत्र शास्त्र के अध्ययन से उसकी पुष्टि हो गई।

श्री महाप्रज्ञ जी की साधना व्यक्तिगत रूप से चल रही थी, जैन आगम संपादन - आचार्य श्री महाप्रज्ञ की जागृत चेतना का पुष्ट प्रमाण है।

सन् १९६२ उदयपुर चातुर्मास में, आप उत्तराध्यनन सूत्र के तीसवें अध्ययन का संपादन कर रहे थे। उसमें प्रकरण था ध्यान के संदर्भ में। आपने विभिन्न ग्रंथों में बिखरी हुई ध्यान सामग्री का यथावकाश अध्ययन किया।श्वेतांबर दिगंबर ग्रंथों का भी अनुशीलन किया, क्योंकि ध्यान के ऊपर एक विस्तृत टिप्पणी लिखनी थी। इसका अध्ययन करके आपने पूज्य गुरुदेव श्री तुलसी से निवेदन किया- जैन आगमों में ध्यान की प्रचुर सामग्री है। गुरुदेव श्री तुलसी ने आपको कहा- जैन धर्म में ध्यान योग की समृद्ध परंपरा रही है। किंतु आज वह प्राय: विलुप्त हो गई है। उसका पुन: अनुसंधान करना चाहिए। आचार्य श्री तुलसी की यह छोटी सी प्रेरणा ने प्रेक्षा ध्यान की आधारशिला रख दी।

आचार्य श्री तुलसी की इस प्रेरणा के पश्चात ध्यान साधना आपकी दिनचर्या का प्रमुख तत्व बन गया। आचार्य श्री तुलसी ने इस संदर्भ में अपनी डायरी में लिखा- '17 जनवरी 1963 - मुनि नथमल जी इन दिनों ध्यान साधना पर बहुत बल दे रहे हैं। लगातार दो - दो घंटे ध्यान करते हैं। उन्होंने बताया- ध्यान से कई नए तथ्य सामने आने की संभावना है।'

ध्यान- साधना के साथ-साथ साधना शिविरों की योजना भी शुरू हो गई। 4 जुलाई 1963 को पहला प्रशिक्षण शिविर का शुभारंभ हुआ। इसका नाम रखा गया उपासक संघ शिविर। यह इस प्रकार का पहला शिविर था। ४ सितंबर 1963 में आचार्य श्री तुलसी की सन्निधि में सामूहिक रूप से योग क्रियाओं का अभ्यास शुरू हुआ और एक वर्ष तक चला। 22 सितंबर 1964 को एक साधना गोष्ठी का आयोजन हुआ। आचार्य तुलसी ने फरमाया - ' एक वर्ष तक हमारी योगासन प्रक्रिया पूरी व्यवस्थित रही। योगासन, ध्यान,प्राणायाम आदि प्रयोगों में अच्छा आनंद आया। इस विषय में आगे और विकास करना है। गत वर्ष मुझे जो आनंद अनुभव हुआ, वह अपूर्व है। इसका श्रेय मुनि नथमल जी को दिया जा सकता है। क्योंकि वह इस काम में रुचि ले रहे हैं। योग साधना की दृष्टि से साधु - साध्वियों में भी विशेष उत्साह परिलक्षित हो रहा है।

विक्रम संवत 2020 में भावितात्मा साधना शिविर का प्रयोग चला। इस शिविर में मुख्यत: साधु - साध्वियां संभागी बने। सभी संभागी ध्यान के प्रयोग आपके निर्देशानुसार करते थे। प्रयोग के पश्चात आपके साधना विषयक वक्तव्य पर होते। आपके वक्तव्य का सार संकलित रूप

से 'तुम अनन्त शक्ति के स्रोत' पुस्तक के रूप में प्रकाशित हुआ। जिसे भारतीय ज्ञानपीठ ने प्रकाशित किया। आचार्य श्री महाप्रज्ञ जी की यह अध्यात्म योग संबंधी प्रथम कृति है।'

आचार्य श्री तुलसी, मुनि श्री नथमल जी (आचार्य श्री महाप्रज्ञ) के ध्यान एवं योग संबंधी प्रयोगों के लिए लिखते हैं - 'फरवरी 1965, मुनि नथमल जी का योग साधना में वर्षों से गहरा विश्वास है। वह प्रतिदिन नियमित रूप से दो-तीन घंटे उसमें लगाते हैं। ऐसा लगता है, बैठते, उठते, चलते हर समय साधना उनके जीवन का अंग बन गई है। वर्तमान में जिन- जिन साधुओं में योग साधना के प्रति निष्ठा है, उसमें पहला स्थान इनका है। इसमें इनका दिमाग इतना उर्वर बन गया है कि हर विषय में ये नया चिंतन करते हैं। मुझे उनका बड़ा सहारा है। यह नाम ख्याति, प्रशंसा, पद, उपाधि आदि की भावना से काफी अलिप्त हैं। इसमें इनको आत्मतोष मिलता है। इन उपाधियों से व्यक्ति संकीर्ण बनता है, ऐसी इनकी मान्यता है। इसमें मुझे भी बड़ा आनंद मिलता है।'

दिसंबर १९६५ से आपने मौन साधना के प्रयोग प्रारंभ किये। इस बारे में आचार्य श्री महाप्रज्ञ के शब्दों में -

मौन से बोलने की आवश्यकता का अल्पीकरण होता है तथा यह भी अनुभव हो जाता है कि कहां-कहां अनावश्यक बोला जाता है। इस प्रकार का कोई भी प्रयोग हो, उससे साधना का क्रम बढ़ता ही है। विक्रम संवत २०२४ में आपने कालिकाल सर्वज्ञ हेमचंद्रचार्य के योगशास्त्र 'उत्तराधर प्राणायाम' का अध्ययन किया। आपने इसी वर्ष योगवहन की परिकल्पना प्रस्तुत की। ईस्वी सन् १९६९ संवत्सरी से नमक का वर्जन किया। ईस्वी सन् १९७०,१९७१ में आपके साधना के प्रयोग विकासमान रहे।

1 मई से 30 मई, 1972 में एक मासिक जागरिका शिविर का आयोजन हुआ। इसमें आचार्य श्री तुलसी स्वयं उपस्थित रहे। इसमें ५१ शिवारार्थी थे। आपने इस शिविर का उद्देश्य बताया- 'मैं बहुत वर्षों से एक कामना करता रहा कि हमारे धर्म संघ में दो विशेषताएं भिन्न-भिन्न दिशाओं में विकसित होनी चाहिए। एक उपदेश शाखा के रूप में, दूसरी ध्यान शाखा के रूप में। अगर यह वृक्ष एक ही शाखा वाला होता तो बहुत सुंदर नहीं लगता। इस वृक्ष की सुंदरता इस बात में है कि कई शाखाएं हों लेकिन मूल एक हो। एक मूल पर कई शाखाएं होती हैं तब वृक्ष का विस्तार होता है। सारे वृक्ष में अगर सीधा तना होता तो छाया नहीं होती। छाया का विस्तार शाखाओं के विस्तार पर निर्भर है। उपदेश देने वाली शाखा- लोगों को समझाने वाली है, लोगों को धर्म के प्रति आकृष्ट करने वाली है। ध्यान की शाखा - अंतर की शक्तियों को जागृत करने वाली और अंतर की शक्तियों को प्रस्तुत करने वाली है। हमें इन दोनों शाखाओं के विकास पर काम करना है। आज का दिन आचार्य श्री तुलसी के नेतृत्व में ध्यान शाखा के सूत्रपात करने का दिन है।

इस जागरिका साधना शिविर के संदर्भ में आचार्य श्री तुलसी ने अपनी डायरी में लिखा - 7 मई 1972, साधना शिविर का प्रायोगिक कार्यक्रम चल रहा है। नथमल जी इसके सूत्रधार हैं।

18 मई, साधना- सत्र का 18वां दिन बीत गया। शिविर का क्रम संतोषजनक चल रहा है ध्यान का प्रयोग प्रभावशाली ढंग से आगे बढ़ रहा है।

29 मई, अब मासिक साधना सत्र समाप्ति पर है। एकांतवास का प्रयोग सफल रहा। शिविर की गोष्ठियों में मुनि नथमल जी के विभिन्न विषयों पर होने वाले वक्तव्य बहुत ही विलक्षण रहे। छोटे सभी शिवरार्थी संतुष्ट हैं।

30 मई 1972, साधना शिविर में मुख्य योग मुनि नथमल जी का रहा। उन्होंने सब तरह से सुंदर नीति का संचालन किया। प्रभाव अच्छा चला। धारा बहुमुखी रही। अनेक व्यक्तियों की आस्था स्थिर बनी। मैंने स्वयं एक महीना एकांत में बिताया। अच्छा विश्राम मिला। अब भीड़ से मन उचटने लगा है।'

1974 में मुनि श्री नथमल जी (आचार्य महाप्रज्ञ) ने विपश्यना ध्यान पद्धति के प्रमुख सत्यनारायण जी गोयनका के अनुरोध पर विपश्यना ध्यान शिविर में भाग लिया। आपने जैन ध्यान पद्धति के आलोक में बौद्ध ध्यान पद्धति का तुलनात्मक अध्ययन किया। गोयनकाजी से विचार-विमर्श किया। समानता और असमानता के तत्व स्पष्ट हो गए। साहू शांतिप्रसाद जैन के अनुरोध पर जैन ध्यान पद्धति पर आपके पांच वक्तव्य दिए, जो 'महावीर की साधना का रहस्य' पुस्तक के रूप में प्रकाशित हुए।

ईस्वी सन् १९७५, जयपुर में इस जैन ध्यान पद्धति का नामकरण हुआ। जैन आगम में ध्यान के दो शब्द मिलते हैं- विपश्यना एवम् प्रेक्षा। विपश्यना बौद्ध साधना पद्धति के रूप में प्रचलित है। श्री महाप्रज्ञ जी द्वारा गहन अध्ययन एवम् अनुसंधान के पश्चात विकसित इस पद्धति का नाम प्रेक्षा ध्यान रखा गया।

प्रेक्षा ध्यान पद्धति के प्रशिक्षण एवम् शिविर का व्यवस्थित रूप से आयोजन होने से पूर्व आपने नव मासिक साधना (मार्च १९७७) के विशिष्ट प्रयोग किए। इसके लिए आचार्य श्री तुलसी लिखते हैं - तुम्हारा प्रयोग केवल तुम्हारा ही नहीं है, मेरा भी प्रयोग है, संघ का प्रयोग है। इससे समूचा संघ लाभान्वित होगा।' नव मासिक साधना काल में निर्विकल्प ध्यान आज्ञा चक्र की विशेष साधना की। १०.१०.१९७७ से १९.१०.१९७७ को दस दिवसीय प्रथम केंद्रीकृत शिविर का आयोजन हुआ। धीरे-धीरे यह ध्यान पद्धति व्यापक हो गई और जैन धर्म की पहचान बन गई।

प्रेक्षा ध्यान का ध्येय वाक्य है - 'स्वयं सत्य खोजें' आत्मा की अतल गहराइयों में जाने के लिए आचार्य महाप्रज्ञ ने प्रेक्षाध्यान के अंतर्गत कई विच्चिष्ट प्रयोग निर्दिष्ट किये हैं-

1. श्वास प्रेक्षा
2. चैतन्य प्रेक्षा
3. शरीर प्रेक्षा

4. लेच्च्या ध्यान रंगों का ध्यान

5. अनुप्रेक्षा स्वत: सूचन। उन्होंने मस्तिष्क के क्षेत्र से परे सोचा और अंत: प्रज्ञा के क्षेत्र में प्रवेश किया। यही चेतना की सहज शक्ति है।

मनुष्य के जीवन में सात स्तर हैं शरीर, श्वास, प्राण ऊर्जा, मस्तिष्क, भाव, आभामंडल एवं चेतना। प्रेक्षाध्यान के माध्यम से निषेधक आभामंडल विधेयक आभामंडल में रूपांतरित किया जा सकता है। यह व्यक्तित्व के परिवर्तन का कारक बनता है। प्रेक्षाध्यान के नियमित प्रयोग से प्रकृतिगत पद्धति सक्रिय बनती है और उसे स्वस्थ एवं प्रसन्न बनाती है। श्वास प्रेक्षा, चैतन्य केंद्र प्रेक्षा, भाव शुद्धि, प्रतिक्रिया विरति, मित आहार एवम् मित भाषण या मौन, इस ध्यान पद्धति के मुख्य अंग हैं।

कायोत्यर्ग प्रेक्षाध्यान का एक चरण है जो शिथिलकरण की विधिवत् एवं उन्नतिकारक प्रक्रिया है। कायोत्सर्ग परानुकंपी नाड़ी तंत्र को सक्रिय बनाता है और तनाव के मूल कारण **को** बदल देता है। कायोत्सर्ग शरीर के अतिरिक्त दबाव को दूर करने में सक्षम है और इससे शरीर व मन को गहन शिथिल स्थित में ले जाया जा सकता है। कार्यात्सर्ग तनाव के दुष्प्रभावों से व्यक्ति को बचाता है।

यहां ये बात ज्ञातव्य रहे, प्रेक्षाध्यान की ये प्रविधियां प्राचीन जैन ग्रंथों से सार रूप में प्रस्तुत हैं और आचार्य श्री महाप्रज्ञ द्वारा इसकी पुनर्संरचना की गई है। जाति, वर्ण व धर्म की दीवारों से परे प्रत्येक व्यक्ति के लिए इसकी महता एवं प्रासंगिकता की अनुभूति की जा रही है। विचारों के परिवर्तन, सही भावों के विकास, विधायक चिंतन, मन व शरीर की क्षमता में वृद्धि के क्रम में प्रेक्षाध्यान ने अनुपम कार्य किया है।

आज प्रेक्षा ध्यान के अनेक स्थान (देश एवम् विदेश) हैं। www.preksha.com से जानकारी प्राप्त हो सकती है। जैन विश्व भारती लाडनूं एवम् प्रेक्षा इंटरनेशनल से इसके बारे में विस्तृत जानकारी प्राप्त हो सकती है।

एक प्रश्न जो पहले काफी पूछा जाता था कि क्या प्रेक्षा ध्यान पद्धति मौलिक है? बौद्ध ध्यान पद्धति विपश्यना का अनुकरण तो नहीं है? प्रेक्षा ध्यान पद्धति आचार्य महाप्रज्ञ जी के उर्वर मेघा का परिणाम है, उनका मौलिक अवदान है, कुछ बिंदुओं से इसे समझते हैं,

1. बौद्ध दर्शन में आत्मा को कोई स्थान नहीं है। जैन दर्शन आत्मवादी है। जो लोग आत्म दर्शन करना चाहते हैं, उन्हें प्रेक्षा ध्यान का चैतन्य केंद्र प्रेक्षा करनी होगी। चैतन्य केंद्र प्रेक्षा का अर्थ है- शरीर के जिन-जिन स्थानों पर चेतना सघन रूप से केंद्रित है, उन-उन स्थानों पर ध्यान करना। इसकी आंशिक तुलना कुंडलिनी जागरण से की जा सकती है।

2. विपश्यना में बल दिया जाता है सहज श्वास देखने का, प्रेक्षा ध्यान में बल दिया जाता है दीर्घ श्वास परीक्षा पर।

3. विपश्यना में कहा जाता है - आयास मत करो, जो अनायास,सहज चल रहा है उसकी विपश्यना करो। प्रेक्षा ध्यान में आयास वर्जित नहीं है। प्रयत्न से श्वास को लंबा करना अधिक उपयोगी है।

4. विपश्यना में कुंभक का प्रयोग मान्य नहीं है। प्रेक्षा ध्यान में लयबद्ध श्वास का बहुत महत्व है, कुंभक प्रयोग करवाया जाता है।

5. विपश्यना बौद्ध दर्शन में आसन वर्जित है और जैन दर्शन में मान्य। ध्यान के साथ आसन भी जरूरी है।

6. विपश्यना में प्राणायाम का कोई स्थान नहीं है पर प्रेक्षा ध्यान में प्राणायाम का अभ्यास करवाया जाता है। प्राणायाम, प्राण -नियंत्रण के लिए आवश्यक है।

7. विपश्यना में मंत्र का जप एवम् स्वाध्याय निषेध है। प्रेक्षा ध्यान में जप को पर्याप्त महत्व दिया गया है।

8. बौद्ध दर्शन दु:ख के बोध और उनके कारणों की खोज विपश्यना से करते हैं। विपश्यना के लिए तीन शर्तें हैं - अनित्य का ज्ञान, दु:ख का ज्ञान, अनात्म का ज्ञान। जैन दर्शन केवल दु:खवादी नहीं है, सुख को भी उतना ही स्वीकार करता है। पोद्गगालिक सुख भी है और साधना काल में भी सुख की अनुभूति मान्य है।

9. विपश्यना और प्रेक्षा ध्यान का एक मौलिक अंतर है- जहां विपश्यना के साथ जुड़ा है - दु:ख को मिटाने का दर्शन। प्रेक्षा ध्यान के साथ जुड़ा है आत्म साक्षात्कार का दर्शन। प्रेक्षा ध्यान का उद्देश्य है निर्मोह होना।

प्रेक्षा ध्यान से संबंधित आचार्य श्री महाप्रज्ञ जी की पुस्तक 'प्रेक्षा ध्यान प्रयोग व पद्धति' पठनीय है।

वस्तुत: आचार्य श्री महाप्रज्ञ जैन साधना पद्धति के कोलंबस हैं। आचार्य श्री महाप्रज्ञ की ध्यान साधना आत्म विजय की, कषाय विजय की साधना थी। इसका नवनीत बनी प्रेक्षा ध्यान पद्धति, जिससे जन-जन आत्मा साक्षात्कार के अमृत का पान कर सका। इस साधना से आचार्य श्री महाप्रज्ञ, अध्यात्म के हिमालय का आरोहण कर सके।

जीवन विज्ञान

वर्तमान शिक्षा पद्धति में कुछ अच्छाइयां हैं तो कुछ ऐसी समस्याएं भी हैं जिनका निराकरण करना समय की मांग है। ऐसा कहा जा रहा है - शिक्षा एक समाधान है पर आज वह स्वयं समस्या बन रही है। समाज की आकांक्षा के अनुरूप उसका रूप नहीं बन पा रहा है। वर्तमान शिक्षा, बौद्धिक विकास और शारीरिक विकास पर ही अधिक केंद्रित है। बौद्धिक विकास का तात्पर्य है कि, विज्ञान, चिकित्सा, प्रशासन आदि क्षेत्रों में वर्तमान शिक्षा प्रणाली से बढ़िया से

बढ़िया व्यक्ति आ रहे हैं। व्यक्ति की बौद्धिक क्षमता नई ऊंचाइयों को छू रही है। शारीरिक विकास की अपेक्षा से, वर्तमान शिक्षा में खेल-कूद को शिक्षा के साथ जोड़कर मनुष्य अपनी शारीरिक सीमाओं से बाहर भी प्रदर्शन कर रहे हैं। बौद्धिक और शारीरिक विकास को पर्याप्त हो रहा है लेकिन जो मानसिक और भावनात्मक विकास होना चाहिए,नैतिक विकास होना चाहिए, चारित्रिक विकास होना चाहिए, इन सब विकास के पर्याप्त तत्व इस वर्तमान शिक्षा पद्धति में नहीं हैं, जो भारत की प्राचीन शिक्षा पद्धति में थे।

आचार्य महाप्रज्ञ जी की दृष्टि ने वर्तमान शिक्षा की इस कमी को उजागर किया। आचार्य श्री महाप्रज्ञ जी ने समस्या का समाधान दिया - 'जीवन विज्ञान'। विद्यार्थियों में नैतिक शिक्षा के पाढ़ पढ़ाने से, चारित्रिक उपदेशों की जानकारी देने से समस्या का समाधान नहीं होगा।

नैतिक शिक्षा के क्रियान्वयन में, उसकी सफलता की आधार भूमि प्रायोगिक पाठ्यक्रम से ही संभव है। जीवन विज्ञान मूल्यपरक शिक्षा और नैतिक शिक्षा को प्रायोगिक रूप देकर, विद्यार्थियों में इसके प्रति स्व - अनुशासन पर बल देता है। प्राचीन शिक्षा पद्धति के दो रंग थे - ग्रहण तथा आसेवन। वर्तमान शिक्षा प्रणाली ग्रहण तक सीमित है, उसमें अभ्यास अथवा प्रयोग की ओर ध्यान नहीं दिया गया है। जीवन विज्ञान मुख्यत: प्रयोगात्मक है।

बौद्धिक विकास से व्यक्ति तर्क संपन्न बनता है, लेकिन भावनात्मक विकास से व्यक्ति में धैर्य, सहिष्णुता, अनाआग्रह, विवेक, सामंजस्य के गुण आते हैं। हम जो आज समाज में तनाव की, आत्महत्या की, एक दूसरे के प्रति विद्वेष भाव की समस्याएं देख रहे हैं, उसका समाधान विद्यार्थियों के भावनात्मक विकास से ही संभव होगा। आज लगता है प्रत्येक व्यक्ति आवेश और आवेश का जीवन जी रहा है।

आचार्य महाप्रज्ञ द्वारा विद्यार्थियों के लिए जो शैक्षणिक पाठयक्रम एवं प्रयोग संसूचित किए गये हैं वे उसके जीवन में ऐसे महत्त्वपूर्ण जैव-रासायनिक एवं विद्युतीय परिर्वतन करते हैं जिससे उनका संपूर्ण रूप से रूपांतरण हो सके। आचार्य महाप्रज्ञ विशेष बल देकर कहते हैं कि एक विद्यार्थी को विविध आसनों एवं प्रयोगों का अनुगमन करना चाहिए। मूल्य परक जीवन जीने के लिए व्यक्ति को अपनी इच्छाओं पर नियंत्रण करना चाहिए।

आचार्य महाप्रज्ञ द्वारा निर्मित एवं विकसित जीवन विज्ञान गुजरात, राजस्थान, हरियाणा, दिल्ली, बिहार आदि राज्यों में विद्यार्थियों के लिए पाठयक्रम के रूप में शामिल किया गया है।

जीवन विज्ञान का मुख्य उद्धेश्य तीन प्रकार का है

1. ऐसे स्वस्थ व्यक्तित्व का निर्माण करना जो शरीरिक, मानसिक, भावात्मक एवं सामाजिक स्वस्थता के मध्य सामंजस्य स्थापित कर सके।
2. एक ऐसे नये समाज का निर्माण करना जो हिंसक उपद्रवों एवं अनैतिकता से मुक्त हो।
3. ऐसी नई पीढी का निर्माण करना जो आध्यात्मिक-वैज्ञानिक व्यक्तित्व हो।

जीवन विज्ञान मानव व्यक्तित्व के पूर्ण विकास को सुनिश्चित करने के लिए अध्ययन के बजाय अभ्यास और प्रयोग पर छात्र के समय और ऊर्जा का एक बड़ा हिस्सा समर्पित करने पर केंद्रित है। यह स्वास्थ्य, मूल्यों, फिटनेस और भावनात्मक और आध्यात्मिक शिक्षा का एक नया संयोजन है। यह प्राणायाम, योग और प्रेक्षा के विभिन्न रूपों के बीच सिद्ध संबंधों पर काम करता है।

इसका विधिवत आरंभ १९७९ हुआ।

अहिंसा समवाय

आचार्य श्री महाप्रज्ञ के मार्गदर्शन में अहिंसा एवं शांति की विभिन्न समस्याओं के समाधान के लिए २५ अक्टूबर १९९९ को अहिंसा समवाय के रूप में एक मंच सामने आया। यद्यपि कई लोग एवं संस्थान अहिंसा के विभिन्न कार्यक्रमों के संचालन में वयस्त हैं पर इनमें समग्रता का अभाव है। आंशिक कार्यों के वांछित परिणाम उपलब्ध नहीं होते। अहिंसा शाश्वत एवं परिपूर्ण सत्य है। अहिंसा की मूल्यवता वर्तमान के हिंसापूर्ण वातावरण में बहुत ज्यादा बढ़ गई है। आचार्य महाप्रज्ञ के अनुसार सभी व्यक्तियों एवं संस्थानों को साथ में बैठकर अहिंसा समवाय मंच के बारे में विचार विर्मश करना चाहिये। अहिंसा पर एक सर्वसम्म्त परियोजना विकसित करनी चाहिये तथा इसे मैत्रीपूर्ण तरीके से क्रियान्वित करना चाहिए। विभिन्न धार्मिक नेताओं एवं सामाजिक कार्यकर्ताओं की संख्या बढ़ने से यह गतिशील अपधारणा एवं मंच अब और सशक्त और मजबूत हो गया है।

अहिंसा समवाय के अंतर्गत प्रथम चरण में तीन मुख्य बिन्दुओं पर फोकस करने का निर्णय लिया गया है - (१) अनुसंधान (२) प्रशिक्षण (३) प्रयोग। अहिंसा मात्र सिद्धांत नहीं है। स्वस्थ समाज के लिए इसकी महता व प्रभाव को न्यायोचित एवं प्रमाणित करने के लिए अहिंसा समवाय ने राष्ट्रीय एवं अंतर्राष्ट्रीय स्तर पर कई प्रयोग व कार्यक्रम दिए हैं।

अहिंसा की व्यापक अवधारणा व्यक्ति की इच्छा संयम की शक्ति के विकास पर निर्भर करती है। मंच में प्रदूषण मुक्त पर्यावरण एवं नि:शस्त्रीकरण पूर्ण वातावरण को महत्व दिया गया है। विचारों के रूपांतरण पर बहुत कम प्रयास होते हैं। यह निशचित है कि जब तक अहिंसा की चेतना जागृत नहीं होती, वर्तमान संदर्भ की घटित हो रही प्रक्रियाओं में परिवर्तन संभव नहीं है। अंतर्राष्ट्रीय शांति शब्द का जाप करने मात्र से शांति स्थापित नहीं हो सकेगी। इसके लिए व्यक्ति अपनी इच्छाओं व भौतिक सुखों का कुछ संयम करे, यह अपेक्षित है। इस हेतु अहिंसक जागरण व हृदय परिवर्तन की जरूरत है।

FUREC'-(Surat Spiritual Declaration)
Foundation of Unity of Religious and Enlightened Citizenship

आचार्य महाप्रज्ञ जी के २००३ चातुर्मास में तत्कालीन भारत के राष्ट्रपति श्री ए.पी. जे. अब्दुल कलाम ने अपना जन्मदिन आचार्य महाप्रज्ञ जी के सान्निध्य में मनाया। इस अवसर पर

विभिन्न धर्मगुरुओं की समन्वयात्मक गोष्ठी हुई एवम् सूरत स्प्रिचुअल डिक्लेरेशन किया गया, जो अविकल रूप से निम्न है-

Furec

SURAT SPIRITUAL DECLARATION

Creator's Message

God has created the human being with brain and thinking faculty. He has commanded His creation to use the faculty with reasoning to reach His image. This is the mission of human life. Science is a recent boon God has bestowed upon mankind. Science with reasoning becomes the capital of the society. Spirituality is a special quality God has given to the human being. The duty of the human being is to discover it and use it for the benefit of all. In whatever field we work, be it science, technology, medicine, politics, policing, theology, religion or judiciary, we have to remain in the service of the common man whose well being is central to all human knowledge and endeavour.

The Present Condition

Even while the above is the main focus of human life we find that our nation is facing loss of confidence in itself, at various levels. There is lack of tolerance for others' religion, faith and philosophy or viewpoints; there is lack of harmony; there is lack of respect for moral, ethical and cultural values and there is lack of sensitivity to poverty and inequality. Womanhood is not given its rightful place. There are various social problems like lack of employment opportunities and the resultant rise in crime and other social evils like addiction to drugs etc. Thus there are various forms of violence spreading in the country. While science and technology and economic growth would help in solving some of these problems, it is possible to manage these complex forces to the benefit of humanity only when the dimension of spirituality is embedded in human knowledge and efforts.

Dimensions of Spirituality

Every religion has a central component - spirituality driven by compassion and love. Rationality and logic are intrinsic to science and spirituality. A spiritual experience is the goal of a deeply religious person whereas a major discovery or an invention is the goal of a scientific mind. If both the aspects are unified, amalgamated in our own patterns, we can transcend to that level of thinking, in which unity is a cohesive concept. Then the enlightenment of citizenship will take place. For this environment, the two major components — Science and Spirituality have to interact. A Peace prayer can be the foundation for both.

Peace Prayer

"Oh Almighty, create thoughts and actions in the minds of the people of the nation so that they live united.

Oh Almighty, bless the people to take a path of life with righteousness as righteousness gives the strength of character.

Help all religious leaders of the country to give strength to the people to combat the divisive forces.

Guide the people to develop an attitude to appreciate different viewpoints and ways of lives and transform enmity among individuals, organizations and nations, into friendliness and harmony.

Embed the thought 'Nation is bigger than the Individual' in the minds of the leaders and people.

Oh God, bless the people to work with perseverance to transform the country into a peaceful and prosperous nation."

Spiritual Component of Religion

In our country, certain regions are presently being subjected to tremendous stress due to violence in body and mind. If we study the history of India over **3000** years, we will find that the country has always stood for peace. It worked for peace; it prayed for peace to live in peace. But these days, peace seems to be endangered due to societal dynamics described briefly earlier. So, how does one bring back peace? Paradoxically, the 'I' in us wants peace. Nevertheless, to get peace one has to first get rid of the 'I' and 'me' as per our scriptures. This may be a tough proposition. For in virtually every sentence, every thought we are dictated by 'I' and 'me'. As said, if we remove"I" and "me" the ego will vanish. When the ego vanishes, hatred fades away. When hatred goes away, violence in mind and body will disappear. Therefore, peace comes when you forsake "I" and "Me". The spiritual goal of every religion is indeed violence free individual in mind and body and thereby a peaceful society. Removal of poverty is one of the components for realizing peace.

Removal of Poverty

We realize that the 300 million young citizens who are below 20 years of age in India want peace, prosperity, happiness and safety. It is our responsibility as religious and spiritual leaders to carry out this mission of removal of poverty from our people. Fortunately, there is a road map to go to the India 2020 of our national dream. That entails working intensively on five mportant areas that have been identified. These are agriculture and food processing, education and healthcare, information and communication technology, infrastructure development including networking of rivers and providing urban amenities in rural areas. If the villages prosper, the states prosper; if the states prosper, India can prosper. Such a network of prosperity is extremely important to realize the vision of the nation. Removal of poverty means addressing several related elements like removal of illiteracy and providing good governance as it is vital to ensure that funds allotted for the poor and the earnings by the poor people are not frittered away in various forms of social evils like corruption. This is where making of an enlightened citizen cornes in. This aquires a moral, ethical and spiritual dimension. Therefore another component for prosperity is religious and spiritual partnership. We have considered how this partnership can be developed.

Religion a beautiful partner in the Nation's prosperity

Religions are like exquisite gardens, places full of surpassing beauty and tranquility, like sacred groves filled with beautiful birds and their melodious songs. Religions are beautiful gardens, but they are islands. They are enchanting islets, veritable oases for the soul and the spirit. But they are islands nevertheless. If we can connect all these islands with love and compassion, in a 'garland project', we will have a peaceful, happy and prosperous India in front of us. Universal truths embodied in each religion are very similar and they will help to form the bridge thus reinforcing basic unity. Another fact of today is that the intellectual gap between the opinion maker class and the masses is rather large. The removal of the gap is best done by spreading knowledge and increasing the knowledge base of every citizen in all vital aspects of their lives. As the number of enlightened citizens increases, the ability to cope with and transform problems also increases. In order to achieve this, in addition to concentrating on education of the youth, there is also need for continual education of adult population and senior citizens on values of lives and about the basic spiritual unity of all religions. Education and intellectual activities are vital. In addition these values have to be reinforced in every citizen through specific projects, which can bring people together, irrespective of their social levels or religious beliefs.

Garland Projects

In order to do so we resolve to undertake the following projects and activities.

Project **1** : Celebration of inter—religious festivals.

Project **2** : Multi—religious projects

Project **3** : Education in and with the ambience of unity of religions.

Project **4** : Inter—faith dialogue.

Project **5** : National level independent and autonomous organisation managed by religious and spiritual leaders as well as scholars and enlightened citizens.

Project 1

Every month in all parts of India there can be a multi-religious gathering to convey the core message attempted in the prayer of peace and about the basic truths contained in various religions. Such a prayer should be preceded by prayers from all religions practiced in that part of the country by respective religious and spiritual leaders in the presence of the people. Each month the day selected could be a holy day from one religion: Islam, Hindu, Christianity, Sikh, Parsi, Jain, Buddhist etc. Regular conduct of such meetings by all religious leaders and people from different religions respecting holy days of other religions will send a powerful message. If possible such gatherings can take place at the religious places where all persons from other religions also can gather on that day. People should also exchange pleasantries and sweets during these meetings, as is the practice in some parts of the country where unity of minds prevails. In addition, in order to spread the message of equality to everybody on that day a 'langa? (community kitchen and eating) can be arranged so that all people eat common food sitting side by side.

How to organize these? We believe that, if all the religious and spiritual groups build strong connectivity between their own beautiful islands of happiness and solace, it is possible to turn these monthly meetings into mass movements for respecting each other's rituals, ways of life or view points. It will bring harmony and love. Peace and happiness will follow.

Project 2

So far, religious groups have taken many efforts towards the removal of poverty and the accruing misery, in large or small scale, but in isolation. We will launch additionally a number of multi-religious projects in education, healthcare and water supply as well as for generating entrepreneurship and employment, to help the poor people. People will see for themselves that multiple religions are working together for common good. These efforts will elevate religions in the minds of the people and the nation will benefit.

Project 3

All religious educational institutions operating in different parts of the country should enroll children from other religions in certain proportions and imbibe values such as religious tolerance, righteousness. The real purpose and the unity of religions should be embedded in the minds of the students. These children who are the pillars of tomorrow, will foster a sense of peace and amity between themselves and for others. Simple exercises to reinforce positive thinking can also attempted. In addition to these, specially designed value based educational material should be generated so that they are supplied in a large scale to the children. Attempts should also be made for large-scale dissemination of these through various forms of media. It may not be necessary to begin an exercise to generate these materials, as a large number of them are available in India and abroad. It maybe necessary to search for them and shape them to suit our specific needs.

Project 4

In addition to the above projects impinging directly on common people and citizens, it is also necessary to have a continual Inter-Faith-Dialogue between the religious and spiritual heads as well as scholars. This dialogue can address, among other things, minimum common code between religions, methods of creating congenial atmosphere for various religions, solutions for some of the burning problems of the society etc.

Proceedings of and conclusion from such an Inter Faith Dialogues can be widely disseminated among people through various electronic and print media. Models for these Dialogues exist in some other countries as well. Maximum benefit may be derived from such knowledge sharing in addition to finding our own unique methods.

Project 5

The religious and spiritual leaders came to unanimous conclusion that in order to pursue the above in a sustained manner for achieving speedy results, it is essential to set up a national level independent and autonomous organization managed by religious and spiritual leaders as well as scholars and enlightened citizens. This organization inter-alia, will train persons in various essential aspects of different religions, in methods of spreading love and compassion among people, in removing hatred as well as in the basic theory and practice of non-violence. This organization being an independent entity will also become a focal point and a catalytic agent for organizing the other projects listed above and in extending necessary infrastructure for the expansion of the efforts into a national mass movement

Conclusion

On the whole, the congregation of spiritual and religious leaders came to the conclusion that with the above five key elements the "GARLAND PROJECT" for "Unity of Minds" and for creating "Enlightened Citizens" in India and eventually in the world, can be successful if we start taking action in all earnestness after this **"SURAT SPIRITUAL DECLARATION" made on 15th October 2003 in the presence of Hon'ble President of India Shri A.P.J Abdul**

Kalam, who celebrated his birthday in the presence of H.H.Acharya Mahapragya.

India can emerge as a Developed Nation by **2020** with its civilizational heritage and value systems spreading harmony and peace to the whole world. This "Unity of Minds" can be achieved even while keeping intact the rich diversity of rites, rituals, ideas and beliefs amongst us and blending them with modern knowledge and skills.

Signed in the presence of H.H. Acharya Mahaprajna at Surat

Name of Spiritual leaders/Scholars

Shri Balgangadharanatha Swamiji

Dr. Homi B. Dhalla

Bishop Dr. Thomas Dabre

Yuvacharya Mahashraman

Sadvi Pramukha Kanakprabha

Jagadguru Sri Sri Sri Sivaratri Desikendra Mahaswami

Rev. Stanislaus Fernandes

Swami Jitatmananda

Rev. Syed Muhammad Jilani Ashraf

Rev. Ezeikal Isaac Malekar

Prince Huzaifa Mohyiuddin

Brahma Kumari Sudesh Didi

Dr. Jaswant Singh Neki

Ven. Rahul Bodhi

Maulana Wahiduddin Khan.

आचार्य महाप्रज्ञ जी - आचार्य काल (१९९४- २०१०)

माघ शुक्ला सप्तमी विक्रम संवत 2050 (18 फरवरी 1994) को आचार्य श्री तुलसी ने अपने युवाचार्य श्री महाप्रज्ञ जी को आचार्य पद पर स्थापित कर दिया। अपनी विद्यमानता में

आचार्य पद का विसर्जन कर अपने युवाचार्य को आचार्य बना देना एक इतिहास विरल घटना हुई।

आचार्य श्री महाश्रमण जी लिखते हैं कि 'आचार्य श्री महाप्रज्ञ जी ने एक दिन बताया कि मुझे गुरुदेव ने अपनी विद्यमानता में आचार्य पद क्यों दिया। इसका कारण गुरुदेव तुलसी ने बताया- "लोगों के मन में यह भ्रांति है कि महाप्रज्ञ में और सब ठीक है पर यह प्रशासन नहीं कर सकते। लोगों की आशंका को दूर करने के लिए मैंने ऐसा किया।

आचार्य पद पर प्रतिष्ठित होने के पश्चात आप जयपुर होते हुए दिल्ली पधारे।

विकास महोत्सव का आरंभ

तेरापंथ धर्म संघ में विकास और आचार्य श्री तुलसी एक दूसरे के पर्याय हैं। तेरापंथ धर्मसंघ के नवम अधिशास्ता गणाधिपति श्री तुलसी युगधारा के अनुरूप तेरापंथ की मौलिकता को सुरक्षित रखते हुए विकास के अभिनव द्वार खोलने वाले महापुरुष थे। तेरापंथ धर्म संघ में वर्तमान आचार्य का पदाभिषेक दिवस, यानी पट्टोत्सव दिवस आयोजनपूर्वक मनाया जाता है। अपने आचार्य पद विसर्जन के पश्चात गणाधिपति गुरुदेवश्री तुलसी ने अपना पदारोहण दिवस (भाद्रपद शुक्ला नवमी) पर कहा, "अब मेरा, पट्टोत्सव नहीं मनाया जाएगा। अब मैं आचार्य पद पर नहीं हूं। अब तुम्हारा (आचार्य महाप्रज्ञ) पट्टोत्सव ही मनाया जाएगा।"

आचार्य श्री महाप्रज्ञ ने कहा - "भाद्रपद शुक्ला नवमी का दिन हमारे धर्म संघ में इतना प्रतिष्ठित हो गया है कि हम उसे छोड़ नहीं सकते। हम किसी रूप में मनाएं,पर मनाएंगे अवश्य। आगे आपने कहा - गुरुदेव! आप विकास के प्रतीक पुरुष हैं। आपने संघ में विकास के अनेक आयाम उद्घाटित किए हैं। हमारी विकास यात्रा अबाध चलती रहे, विकास की व्यवस्थित योजनाएं बनाएं, समीक्षा हो और क्रियान्वयन। इन सबके लिए भाद्रपद शुक्ला नवमी को हम 'विकास महोत्सव' के रूप में मनाना चाहते हैं। इस विकास महोत्सव का आधार संघीय विकास है। अत: मर्यादा महोत्सव की तरह यह सदा मनाया जाए।

इस आधार पर प्रथम विकास महोत्सव विक्रम संवत २०५१ भाद्रपद शुक्ला नवमी,१३ सितंबर १९९४ को मनाया गया। यह थी आचार्य श्री महाप्रज्ञ जी के चिंतन की उर्वरता।

विकास महोत्सव परिपत्र

आधार-पत्र आचार्य भिक्षु ने तेरापंथ में नए आयाम उद्घाटित किए, जिससे इतिहास में नए अध्याय का सृजन हुआ। आज से एक सौ तीस वर्ष पूर्व तेरापंथ के भाग्यविधाता जयाचार्य ने तेरापंथ की भाग्यलिपि में कुछ नए अक्षर लिखे मर्यादा, व्यवस्था और अनुशासन में रहने वाला संघ ही नया विकास, नया विश्वास पैदा कर सकता है। उसके सामने विकास का असीम अवकाश है। पदार्थ असीम नहीं होता, अध्यात्म जैसा शाश्वत तत्त्व ही असीम हो सकता है। एक

सौ तीस वर्ष बाद महोत्सव की शृंखला में एक नई कड़ी जुड़ रही है- विकास महोत्सव की। किसी संघ में मर्यादा का महोत्सव मनाया जाता है, विकास का महोत्सव मनाया जाता है, हमने नहीं सुना। हमारे संघ की नियति ही शुभ है। यहां अध्यात्म और विकास के नए-नए आयाम खुलते जा रहे हैं और भविष्य में खुलते रहेंगे। अब तक हम मर्यादा महोत्सव, भिक्षु चरमोत्सव और वर्तमान आचार्य का पट्टोत्सव- ये तीन महोत्सव मनाते रहे हैं। आज से इसी क्रम में विकास महोत्सव जुड़ रहा है। पूज्य गुरुदेव के पट्टोत्सव का दिन अब से विकास-महोत्सव के रूप में मनाया जाएगा। पूज्य गुरुदेव ! तेरापंथ है, तब तक विकास-महोत्सव मनाया जाता रहेगा। इसका आधार हमारा विकास महोत्सव का परिपत्र है। उसमें विकास-महोत्सव की पृष्ठभूमि, उद्देश्य और आधारभूत तत्त्वों की प्रस्तुति है। परिपत्र की भाषा 'धर्म-शासन की शक्ति का उन्नयन हो, यह गण के प्रत्येक सदस्य का पवित्र मनोरथ होना चाहिए।

गुरुदेव श्री तुलसी के अंतर मन के उद्गार

दिल्ली चातुर्मास प्रवास में गुरुदेव श्री तुलसी व आचार्य श्री महाप्रज्ञ बहुत बार एकांत में वार्तालाप करते। संघीय विकास, मानव जाति उन्नयन, जैन एकता और साहित्य संपादन आदि अनेको-अनेक विषयों पर चर्चा होती। आचार्य और गुरु का वह एकांत संवाद प्राय: अगम्य है, किंतु एक पत्र है, जो गुरुदेव श्री तुलसी के 'मेरे अंतर मन के उद्गार' है।

मैंने जो अपने आचार्य पद का विसर्जन किया है वह वास्तविक विसर्जन है। उसको औपचारिक मानने की भूल ना करें। स्वयं आचार्य महाप्रज्ञ तो करें ही नहीं। इससे भविष्य की चिंतन में निश्चिंतता रहेगी। किसी प्रकार का मानसिक संकोच रहा तो वह चिंतन सही नहीं होगा। इसलिए मेरा पुन: पुन: आवेदन है, प्रवेदन है, निवेदन है कि कभी-कभी तुम (आचार्य महाप्रज्ञ) आशंकित रहते हो - यह मेरे विसर्जन को दुर्बल बनाता है। इसलिए मानसिक संकल्प करो- मैं अपने दायित्व को गंभीरता से लूंगा और उसी रूप में उसके निर्वाह का नितांत प्रयत्न करूंगा।

मैं स्वयं भारहीन और अपने दायित्व से निश्चिंत रहता हुआ, अपने- आपमें संघ विकास तथा आध्यात्मिक और अहिंसा को व्यापक बनाने में अपना समुचित श्रम लगाऊंगा।

मैं अपने जीवन काल में महाप्रज्ञ को मेरे से भी अधिक यशस्वी आचार्य देखना चाहता हूं। इसमें मेरा परामर्श और मार्गदर्शन जहां भी जरूरी समझोगे, वह निश्चित उपलब्ध रहेगा। संघ के मौलिक स्वरूप को सुरक्षित रखते हुए उसे नया रूप देना है। उसमें अपनी जागृत प्रज्ञा का निस्संकोच प्रयोग करना है।

तुम अधिक स्वस्थ रहो क्योंकि जीना जानते हो। जीने की कला तुम्हें प्राप्त है। प्राप्त ही नहीं है उसका सदुपयोग कर रहे हो।

वास्तव में यह दुर्लभ क्षमता हमारे संघ को पूर्व आचार्यों की संचित तपस्या से सहज प्राप्त है। इसका जितना अच्छा उपयोग हो, मानव जाति का उतना ही भला होगा।

मैं अपनी ओर से शुभांशसा करता हूं कि स्वस्थ रहो, ताकि हमारा संघ युग-युग तक इस जागृत प्रज्ञा का उपयोग कर धन्यता का अनुभव करे।

जैन धर्म और उसका समर्थ प्रतिनिधि तेरापंथ हमें विरासत में मिला है। उसके साथ अणुव्रत, प्रेक्षा ध्यान, जीवन विज्ञान जैसे व्यापक कार्यक्रम भी हमारे साथ आए हैं। उनका उपयोग अंतर्राष्ट्रीय क्षेत्र में प्रारंभ हो गया है। यह मानवता के शुभ भविष्य का सूचक है। तेरापंथ प्रबोध के इस सूक्त को हमेशा सामने रखो।

"शुभ भविष्य सामने"

यह आलेख आज विक्रम संवत 2051 कार्तिक कृष्ण तृतीया ईस्वी सन 19, दिनांक 22 अक्टूबर शनिवार रात्रि के 8:30 बजे अध्यात्म साधना केंद्र का एक प्रकोष्ठ जिसमें महाप्रज्ञ बैठते हैं, मैंने लिखा।

शुभम् भवतु

गणाधिपति तुलसी।

यह आलेख मैंने सहज भाव से रात को लिखा। महाप्रज्ञ के अनुरोध पर उसी आलेख को अपनी लेखनी से लिखकर उन्हें समर्पित कर रहा हूं। दिनांक 5 फरवरी 1995

रविवार माघ शुक्ला षष्ठी 2051

अध्यात्म साधना केंद्र

नई दिल्ली।

तुलसी

आचार्य पदाभिषेक समारोह

आचार्य श्री महाप्रज्ञ जी को आचार्य पद तो फरवरी १९९४ में ही दे दिया था। किंतु एक औपचारिक समारोह का आयोजन नहीं हो पाया था। इसी का एक भव्य समारोह आयोजन दिल्ली में हुआ। ५ फरवरी १९९५ विक्रम संवत २०५१ माघ शुक्ला षष्ठी आद्य कात्यायनी शक्ति पीठ के मणिदीप परिसर में यह समारोह आयोजित हुआ।

इस समारोह में बोलते हुए पूज्य श्री गुरुदेव तुलसी ने कुछ ही कदमों की दूरी पर स्थित पट्ट पर बैठे श्री महाप्रज्ञ से कहा, “महाप्रज्ञ जी! अब इस दूरी को पाटना होगा। बंधुओं महाप्रज्ञ मेरे शिष्य हैं, युवाचार्य हैं, अब आचार्य हैं, एक शब्द में कहूं तो सब कुछ है। मैंने इनका लालन-पालन किया। पढ़ाया-लिखाया और बनाने का प्रयास किया है। विवेकानंद को रामकृष्ण मिले सचमुच विवेकानंद धन्य हो गए और रामकृष्ण को विवेकानंद जैसा शिष्य, यह भी कोई कम महत्वपूर्ण बात नहीं है। ठीक इसी प्रकार आचार्य महाप्रज्ञ जैसे शिष्य मुझे मिले यह मेरे लिए सात्विक गौरव की बात है।”

गुरुदेव श्री तुलसी ने श्री महाप्रज्ञ का आध्यात्मिक अभिषेक (तिलक) कर अभिनव, अलौकिक परंपरा का सर्जन किया। आगम मंत्रों के समुच्चारण के साथ किया गया अभिषेक तिलक कार्यक्रम सचमुच दर्शकों को बांधने वाला कार्यक्रम था। इसके तीन आयाम थे।

श्री महाप्रज्ञ वंदन की मुद्रा में शांत स्थितप्रज्ञ भाव में, गुरुदेव के समक्ष बैठे थे।

1. गुरुदेव तुलसी ने अपना अंगूठा श्री महाप्रज्ञा के दर्शन केंद्र पर टिकाया और "आइच्चेसु अहियं पयासयरा सिद्धा सिद्धिं मम दिसंतु " मंत्र का ३ बार उच्चारण किया।
2. गुरुदेव जी ने उसी शक्तिशाली अंगुष्ठ को ज्योति केंद्र पर रखा और तीन बार " चंदेसु निम्मलयरा सिद्धा सिद्धिं मम दिसंतु" मंत्र को तीन बार दोहराया।
3. गुरुदेव श्री तुलसी का अंगुष्ठ श्री महाप्रज्ञ के शांति केंद्र पर टिका और "सागरवर गंभीरा, सिद्धा सिद्धिं मम दिसंतु " का पाठ तीन बार उच्चारित किया।

अध्यात्मिक अभिषेक के बाद गुरुदेव तुलसी ने अपना वरद हस्त श्री महाप्रज्ञ के मस्तक पर टिकाया और "आरुग्ग बोहिलाभं, समाहिवरमुत्तमं दिंतु" का तीन बार उच्चारण किया और इसी सरण सूत्र के मांगलिक उच्चारण के साथ आध्यात्मिक अभिषेक (तिलक) अनुष्ठान संपन्न हुआ। गुरुदेव तुलसी और आचार्य महाप्रज्ञ दोनों खड़े हुए। गुरुदेव तुलसी ने श्री महाप्रज्ञ को संकल्प ग्रहण कराया। गुरुदेव तुलसी पहले स्वयं संकल्प उच्चारित करते गए। फिर श्री महाप्रज्ञ उन्हें दोहराते गए। वह इस प्रकार थे:

अर्हम

1. तेरापंथ की परंपरा, मर्यादा, आचार, विचार और समाचार की एकता को अक्षुण्ण रखूंगा।
2. तेरापंथ धर्म संघ के दायित्व का पूर्ण निष्ठा के साथ निर्वाह करूंगा।
3. तेरापंथ के व्यापक दृष्टिकोण एवं कार्यक्रम को आगे बढ़ाने का प्रयत्न करूंगा।

संकल्प ग्रहण की प्रक्रिया संपन्न होते ही श्री महाप्रज्ञ गुरुदेव के समकक्ष रखे पट्ट पर आसीन हो गए।

उपस्थित जन इस भव्य किंतु सादगी पूर्ण समारोह को देख कर पावन हो गए।

तुलसी - महाप्रज्ञ का युग

दिल्ली से विहार कर पूज्य गुरुदेव श्री तुलसी एवम् आचार्य श्री महाप्रज्ञ हरियाणा राजस्थान होते हुए जैन विश्व भारती लाडनूं पधारे। गुरुदेव तुलसी ने आचार्य श्री महाप्रज्ञ जी से कहा, "अति आवश्यक कार्यो की सूची बनाओ। क्योंकि तुलसी महाप्रज्ञ का युग बार-बार नहीं आता।"

स्वतंत्र मर्यादा महोत्सव एवम् गंगा शहर चातुर्मास

विक्रम संवत २०५३ का मर्यादा महोत्सव चाडवास घोषित हुआ। यह भी घोषणा हुई चाडवास का मर्यादा महोत्सव आचार्य श्री महाप्रज्ञ जी के सान्निध्य में संपन्न होगा। गुरुदेव तुलसी उसमें नहीं पधारेंगे। यह प्रथम अवसर था, जब गुरुदेव श्री तुलसी एवं आचार्य महाप्रज्ञ जी ने स्वतंत्र रूप से अलग-अलग मर्यादा महोत्सव किए हो। आचार्य श्री महाप्रज्ञ जी के सान्निध्य में सभी कार्यक्रम सुव्यवस्थित चले, समूचे धर्मसंघ में नवीन प्रसन्नता का वातावरण बना। गुरुदेव तुलसी लिखते हैं- इस बार में दूर से बैठा तुम्हारे कृतित्व की गूंज सुन रहा हूं। तुम्हें नेतृत्व की असीम ऊंचाई पर देख रहा हूं। मुझे बार-बार कहा जा रहा है कि मैं वहां जाऊं, पर इतनी दूरी से तुम्हारी यह सुयश गाथा सुनकर मुझे जिस अवर्चनीय आनंद का अनुभव हो रहा है वह मैं ही जानता हूं। महाप्रज्ञ जी, तुम पर भिक्षु शासन तेरापंथ का ही दायित्व नहीं है, आज संपूर्ण धर्म परंपरा और मानव जाति को मार्गदर्शन की अपेक्षा है। तुम्हारी आत्मा में दर्शन, ज्ञान और चरित्र की त्रिवेणी हिलोरे ले रही है। इस त्रिवेणी की धाराओं से समूचे संघ को अभिस्नात करना है। लिखते-लिखते मेरे मन में आता है कि यह सब किसके लिए लिख रहा हूं? जहां अद्वैत है, अभिन्नता है, उसके बारे में क्या लिखूं?और क्यों लिखूं?अद्वैत की स्थिति में कुछ भी लिखना कठिन है, तुम स्वयं अनुभव करते हो।

चाड़वास मर्यादा महोत्सव संपन्न कर आचार्य श्री महाप्रज्ञ बीकानेर पधारे, वहां गुरुदेव श्री तुलसी के साथ २ मई १९९७ को आध्यात्मिक मिलन हुआ।

बीकानेर के परिपाशर्व में स्थित गंगाशहर में चातुर्मास प्रारंभ हुआ। २३ जून १९९७ को प्रात: गुरुदेव श्री तुलसी का आकस्मिक स्वर्गारोहण हो गया। श्री महाप्रज्ञ पहले से आचार्य थे किंतु गुरु का प्रत्यक्ष साया बना हुआ था, वह अब उठ गया। १४ सितंबर १९९७ को आचार्य श्री महाप्रज्ञ ने महाश्रमण मुनि मुदित कुमार को अपना उत्तराधिकारी घोषित किया।

आचार्य काल

आचार्य श्री महाप्रज्ञ ने गंगा शहर के पश्चात सरदार शहर और फिर दिल्ली चातुर्मास किया। इस चातुर्मास में भारत के पूर्व राष्ट्रपति श्री ए.पी. जे. अब्दुल कलाम, आचार्य श्री महाप्रज्ञ के संपर्क में आए। आचार्य श्री ने उन्हें शांति की मिसाइल बनाने की प्रेरणा दी। इन दोनों का आपसी आध्यात्मिक समन्वय अद्भुत था। इसके बाद २००२ अहमदाबाद, २००३ सूरत में आप आचार्य श्री महाप्रज्ञ के सान्निध्य में जन्मदिन मानने पहुंचे। मुंबई एवम् दिल्ली में आपकी मुलाकात हुई। श्री वाई.एस. राजन आप दोनों के मध्य सेतु का कार्य करते थे। आप दोनों ने संयुक्त रूप से अंग्रेजी में पुस्तक लिखी- 'Family and the Nation'। दोनों की मुलाकात का वर्णन पुस्तक में इस प्रकार है:

In the year **1999**, Dr. A.P.J. Abdul Kalam paid his first visit to Acharya Shree Mahapragya as a renowned scientist. He got the first hand and pure knowledge of Jain philosophy during that meeting which lasted for around forty five minutes. The logical and scientific contents of the Jain philosophy left a lasting impression on him. His virtues of politeness, simplicity, congeniality and adaptability remained undiminished even after acquiring the highest office of our country. Abstract of the talks held (2002, Ahmedabad) between the President of India, Dr. Kalam and Mahapragya ji are -

Dr. Kalam: Swamiji ! I intend to eradicate the problems being faced by our country. I need your blessings. I firmly believe that your blessings will enable me to achieve my goals.

Mahapragya ji : You have made certain declarations during your oath ceremony; you have to mould our nation accordingly.

Dr. Kalam: Yes! Yes!

Mahapragya ji : Today, nation is facing three major problems -

Poverty

Terrorism

Casteism and Religious fundamentalism.

So long as these problems persist, our nation can not embark upon the journey of peace and development. These problems can not be overcome by the missiles and weapons of destruction but with the 'Madhur-Shastra' (weapon of politeness).

Dr. Kalam: 'Madhur-Shastra'.... ?

Mahapragya ji: There is an incident in Mahabharat. Krishna was very disappointed with the rising unrest and discontent among his natives. He discussed them with Narad. The witty Narad advised, "You overcame the enemies with weapons, but to win over your internal problems, you must deploy 'Madhur-Shastra' - the non-destructive weapon of politeness. This alone can bring back the peace."

Dr. Kalam: Swamiji ! What you say is correct. Problems like poverty etc. can be resolved by 'Madhur-Shastra' only.

Mahapragya ji Today, problems are aggravated due to lack of long-term vision and foresight. We do not think of permanent solutions. We adopt ad-hoc and short-term measures. We simply dress a wound but do not eliminate its root cause. For permanent and effective solutions, scientific attitude is required. Like, it was the long-term vision of our scientists that the nation is in the forefront of world's technology.

The similar policy of scientific attitude must be followed to solve the other problems of our nation. Instead of ad-hoc, permanent and lasting solutions must be found.

Dr. Kalam: We have planned to eradicate poverty and to fully develop the nation within next twenty years. Earlier I did the same planning as a scientist, now I have to accomplish this task as a President. I wish to do this job with the help of our parliament.

Mahapragya ji: Pioneer of Anuvrat, Acharya Shree Tulsi had said with respect to the religion and sect, "If religion is considered prime and the sect secondary, problems of the nation can be solved." In modern context, I will transform it as, "The problems of the nation can be solved if the nation is considered prime and the party (political) secondary."

Dr. Kalam: (feeling overwelhmed) Swamiji ! You are above the fundamentalism. You must convince all the politicians, social and religious leaders, who come to visit you that they must keep national interests above the party politics. Abeyance from petty party politics is necessary to embark the nation of the road of development.

Mahapragya: Sure, I will tell it to all.

Dr. Kalam: Coming from you, it will make a lot of difference.

Mahapragya ji: You are first a scientist and then a president. I am entrusting you a task, a scientific attitude must be inculcated in all. This alone will be good for nation. Speeches and agitations will do no good.

Dr. Kalam: Swamiji ! I will try.

Mahapragya ji : Only speeches and agitations will not solve the problems, peace and amiability are essential.

Dr. Kalam: A peaceful and amicable environment can be created by the great people like you.

Mahapragya ji: For communal harmony, we have stressed on two points.

1. No community should insult the religious ceremonies of any other community. If possible, they too must generously respect them.

2. Entire community must not be revenged for the misdeeds of a few criminals. We cannot convict the entire society.

If these two rules are heartily followed, we can stay together and live peacefully.

Dr. Kalam: I will propagate these principles.

Mahapragya ji : Poverty, illiteracy and many more problems are there. These cannot be addressed until an environment of peace is established. Amiability and friendship in all will pave the way for permanent solution

Dr. Kalam: Swamiji ! No one can achieve the communal harmony, brotherhood and reconciliation as skilfully as you can. That is why the nation has lot of expectations from the saints like you. We will totally cooperate with you in this task.

अहिंसा यात्रा (ईस्वी सन् २००२ से २००७)

यह यात्रा गुजरात, महाराष्ट्र, मध्यप्रदेश, हरियाणा, पंजाब, दिल्ली एवम् राजस्थान राज्यों में गई।

इस यात्रा के दो उद्देश्य निश्चित किए गए:

1. अहिंसक चेतना का जागरण

2. नैतिक मूल्यों की का विकास इसका लोगो वाक्य था

" अहिंसा सव्वभूय खेमंकरी"

अहिंसा यात्रा का पहला चातुर्मास प्रवास था अहमदाबाद। वहां पर अहिंसा यात्रा की प्रायोगिक कसौटी हुई। फरवरी 2002 में गुजरात के दो-दो संप्रदायों के मध्य सांप्रदायिक विवाद हो गया। आचार्य श्री महाप्रज्ञ जी ने उस समस्या को समाहित करने का प्रयास शुरू किया। अहमदाबाद में सैकड़ों वर्षो से आषाढ़ी बीज को जगन्नाथ रथ यात्रा निकलती है। उस विवाद के समय जगन्नाथ यात्रा निकलेगी ? नहीं निकलेगी ? क्या होगा ? बड़ा विषम वातावरण था। ऐसे में आचार्य श्री महाप्रज्ञ जी ने अहमदाबाद पहुंच कर हिंदू और मुस्लिम नेताओं से बात की। प्रशासन को भी बातचीत में साथ रखा। विषम स्थिति को बड़े शांत एवम् समन्वय

से आचार्य श्री महाप्रज्ञ जी ने सुलझाया। जगन्नाथ यात्रा शांतिपूर्ण ढंग से पूर्ण हुई। आचार्य श्री महाप्रज्ञ जी भी उसमें सम्मिलित हुए। अहिंसा का प्रायोगिक रूप जनता के समक्ष आ गया।

उसी चार्तुमास में तत्कालीन मुख्य मंत्री, वर्तमान में प्रधान मंत्री श्री नरेंद्र मोदी आचार्य श्री महाप्रज्ञ के संपर्क में आए। तत्कालीन राष्ट्रपति श्री ए. पी. जे. अब्दुल कलाम ने भी आचार्य श्री महाप्रज्ञ जी से मुलाकात की।

२००३ के सूरत चातुर्मास में श्री ए. पी. जे. अब्दुल कलाम ने अपना जन्मदिन आचार्य प्रवर के सान्निध्य में मनाया। सूरत स्प्रिचुअल डिक्लेरेशन जारी किया गया।

२००४ सिरयारी, २००५ दिल्ली २००६ भिवानी और २००७ उदयपुर चातुर्मास हुए। इन अहिंसा यात्राओं में हजारों-हजारों किलोमीटर की यात्रा हुई, लाखों लोगों से व्यक्तिगत संपर्क हुआ। आचार्य श्री महाप्रज्ञ के दिल्ली प्रवास में पोप जॉन पॉल द्वितीय भारत आए। विज्ञान भवन में एक कार्यक्रम रखा गया। भारत के विभिन्न धर्मगुरु उसमें आए। अन्त धार्मिक सम्मेलन को आचार्य श्री महाप्रज्ञ ने जैनाचार्य के रूप में वक्तव्य दिया।

अंतिम वर्षों में आपका स्वास्थ्य कसौटी बना। मेवाड़ यात्रा स्थगित कर जयपुर चातुर्मास किया। लाडनूं होते हुए आप २०१० में चातुर्मास हेतु सरदार शहर पधारे।

सरदार शहर में आपकी दिनचर्या व्यवस्थित चल रही थी। प्रवचन, आगम संपादन, जन संपर्क सभी कार्य सुचारू चल रहे थे कि......

०९.०५.२०१० को अचानक आपका स्वर्ग गमन हो गया।

आचार्य श्री महाप्रज्ञ की साधना (साहित्य और अध्यात्म) का रहस्य

खाद्य संयम –

आचार्य श्री महाप्रज्ञ जी के जीवन में अनाहार तपस्या की लंबी सूची नहीं है। उन्होंने उपवास के अतिरिक्त एक बेला विक्रम संवत १९८७ में किया एक तेला विक्रम संवत वन १९८९ किया। वर्ष में आप तीन उपवास करते थे- आषाढ़ शुक्ला चतुर्दशी, कार्तिक शुक्ला चतुर्दशी और संवत्सरी को। खाद्य संयम आपका पूरा था। प्राय: नमक वर्जन, मावे का एवम् तली हुई वस्तुओं का वर्जन, मिठाई का वर्जन आपने खाद्य संयम के भी भिन्न-भिन्न प्रयोग किए और काफी लंबे समय तक बिना अन्न के भी रहे। आप स्वाद विजय प्राप्त कर चुके थे।

दिनचर्या

आपकी दिनचर्या व्यवस्थित थी। आप ४:00 बजे जागते। कुछ समय तक ध्यान आदि का प्रयोग करते। फिर साधुओं की सामूहिक उपस्थिति में स्वाध्याय, अर्हत वंदना का क्रम चलता है। फिर प्रतिक्रमण और प्रतिलेखन होता। तत्पश्चात श्री महाप्रज्ञ दर्शनार्थ लोगों एवं साधु-साध्वियों के

लिए उपलब्ध रहते। इस प्रकार सूर्योदय से १५- २० मिनट बाद तक का समय हो जाता। फिर देह चिंता से निवृत्त होकर आसन आदि करते। फिर कुछ प्रातराश लेते उसके बाद साहित्य पठन-पाठन का कार्य चलता। बीच-बीच में दर्शनार्थी लोग भी आते-जाते रहते। उसके बाद कुछ समय विश्राम फिर प्रवचन का कार्यक्रम चलता। प्रवचन के पश्चात लगभग एक घंटा संघीय व्यवस्था का चिंतन, दर्शनार्थियों से मिलना और कुछ लेखन कार्य चलता। दोपहर का भोजन और तत्पश्चात समाचार पत्र पठन फिर विश्राम। लगभग २.०० से ४:00 तक का समय ग्रंथ लेखन संपादन आदि का कार्य चलता। तत्पश्चात प्रतिलेखन, देह चिंता निवृत्ति, भोजन आदि का कार्य होता। फिर कुछ ग्रंथ निर्माण तथा व्यक्तिगत साधना चलती है। सूर्यास्त के बाद प्रतिक्रमण, फिर कुछ लोगों को मिलने का क्रम चलता। अर्हत वंदना के पश्चात कभी संगोष्ठी या संघीय व्यवस्था पर चिंतन। लगभग ९:00 से ४:00 बजे तक प्राय: विश्राम करते। सायं कालीन ४:०० या ४.३० बजे से ३ घंटे तक प्राय: मौन रहता। यह आचार्य श्री महाप्रज्ञ जी की दिनचर्या थी। ऋतु, परिस्थिति के आधार पर कभी कुछ परिवर्तन भी हो जाता। लेकिन यह दिनचर्या उनकी व्यवस्थित रही।

विनम्र श्रद्धांजलि

आचार्यश्री तुलसी की वाणी महाप्रज्ञ के कण- कण में क्षण-क्षण प्रतिध्वनित होती है। तेरांपथ की प्रगति-यात्रा के हर आरोह अवरोह में आचार्य महाप्रज्ञ ने अपने गुरु श्री तुलसी के सधे हुए दुतगामी कदमों का सदा साथ निभाया है। यह कहना असंगत नहीं होगा कि तेरापंथ और आचार्य तुलसी को विश्व प्रतिष्ठित करने में आचार्य महाप्रज्ञ की भूमिका अनन्य रही है।

आचार्य महाप्रज्ञ कुशल प्रवचनकार होने के साथ -साथ एक महान लेखक, महान शुतधार, और महान साहित्कार थे। उनकी सारस्वत वाणी से निकला हर शब्द साहित्य बन जाता था। उन्होंने विविध विषयों पर शताधिक ग्रन्थ लिखे हैं। प्रत्येक ग्रन्थ में उनका मौलिक चिन्तन प्रस्फुटित हुआ है। उनके ग्रन्थ जहां साहित्य जगत की अमूल्य धरोहर हैं, वहां मानवता की विशिष्ट सेवा हैं। आचार्यश्री तुलसी के वाचना प्रमुखत्व में जैनागमों के वैज्ञानिक विशलेषण के साथ आधुनिक सम्प्रदाय उनकी विलक्षण प्रतिभा का परिचायक है, अर्हत् वाणी के प्रति महान समर्पण का सूचक है।

शोध विद्वानों के लिए आचार्य महाप्रज्ञ एक विश्वकोष थे। शायद ही कोई ऐसा विषय हो तो आचार्य महाप्रज्ञ के ज्ञानकोष्ठ में अवतरित न हुआ हो।

आचार्य महाप्रज्ञ ने प्रेक्षाध्यान एवं जीवन विज्ञान के रूप में एक विशिष्ठ वैज्ञानिक साधना-पद्धति का प्रगतिकरण किया। इस साधना-पद्धति के द्वारा प्रतिवर्ष सैकड़ों व्यक्ति मानसिक विकृति से दूर हटकर आध्यत्मिक ऊर्जा प्राप्त करते हैं।

थोड़े शब्दों में कहा जाए तो आचार्य महाप्रज्ञ की सजृन चेतना से तेरापंथ धर्मसंघ लाभान्वित हुआ है और सम्पूर्ण मानव जाति लाभान्वित हुई है।

प्राणवान साहित्य सृजन

जिस साहित्य में प्राण होता है, वह कभी मृत नहीं होता। जिस साहित्य ने युगीन समस्याओं का स्पर्श किया है, उनसे मुक्त होने के मार्ग सुझाए, वह सदा जीवंत रहता है। आचार्य श्री महाप्रज्ञ जी का साहित्य भी जीवंत साहित्य है। आचार्य महाप्रज्ञ न केवल युगीन समस्याओं को देखते हैं, वरन उन समस्याओं का समाधान भी बताते हैं। उनमें युगबोध देने की क्षमता है। यूं कहा जाए कि आचार्य श्री महाप्रज्ञ की लेखनी में सरस्वती विराजती थीं तो कोई अतिशयोक्ति नहीं होगी। उन्होंने अपने संपूर्ण जीवन काल में 300 से अधिक रचनाओं का सृजन किया। जैन आगम का संपादन का गुरूतर कार्य करते हुए भी, इतना समय निकाल लेना, और अध्यात्म के नए-नए रहस्यों से ओतप्रोत साहित्य का सृजन करना, इस बात को पुष्ट करता है कि आचार्य श्री महाप्रज्ञ जी अतींद्रिय ज्ञान के धनी थे।

इस संबंध में एक घटना का उल्लेख करना चाहूंगा

आचार्य श्री तुलसी कोलकाता में प्रवास कर रहे थे। श्री महाप्रज्ञ जी साथ में ही थे। श्री प्रभु दयाल जी डाबड़ीवाला के एक मित्र श्री हरिदास मूंदड़ा प्रतिदिन दर्शनार्थ आया करता थे। उनके साथ एक पुस्तक निरंतर रहती थी। प्रभु दयाल जी ने एक दिन हरिदास जी से पूछा, "तुम्हारे पास कौन-सी पुस्तक है?" हरिदास जी ने कहा- मुनि श्री नथमल जी (आचार्य महाप्रज्ञ जी) की लिखित 'अनुभव चिंतन मनन'। डाबड़ीवाल जी ने कहा- अच्छा! जो मैंने तुम्हें दी थी। हरिदास जी ने कहा- हाँ, इसे मैं दिन-रात साथ में रखता हूं, क्योंकि यह प्राणवान है। डाबड़ीवाल जी बोले, " यह तो निर्जीव है, इसमें प्राण कैसे है?"' तब हरिदास जी ने उत्तर दिया - यह पुस्तक मेरे लिए संजीवनी है। जब भी मेरे सामने कोई समस्या आती है, तब मैं २ मिनट के लिए आंख बंद कर लेता हूं, फिर उस पुस्तक को खोलता हूं। जो भी पृष्ठ मेरे सामने आता है, उसे पढ़ते ही मुझे अपनी समस्या का समाधान मिल जाता है। मेरे लिए तो यह पुस्तक सब कुछ है। यह थी आचार्य श्री महाप्रज्ञ जी की साहित्य की प्राणवत्ता।

कई बार ये प्रश्न उठता है कि आचार्य श्री महाप्रज्ञ जी इतना साहित्य कैसे सृजित कर पाए। इसका उत्तर स्वयं देते हुए बताया- साधना की एक सीमा का अतिक्रमण करने के बाद, लेखन को भी वक्तृत्व में बदल दिया। जो प्रवचन दिया एवम् लिखा, वही अंतिम हो गया, फिर परावर्धन - परिशोधन की आवश्यकता नहीं हुई।

आचार्य श्री तुलसी लिखते हैं - महाप्रज्ञ की साहित्यिक प्रतिभा के विकिरणों से साहित्य जगत प्रभावित हुआ। ये तर्क व विज्ञान का युग है, किसी को पूरी कसौटी पर कसे बिना मान्यता नहीं देता।

तेरापंथ की महत्ता और गरिमा बढ़ाने में, शक्तिशाली माध्यम बना है, महाप्रज्ञ का युगीन साहित्य का सतत निर्माण।

आचार्य श्री तुलसी के गुजरात प्रवास में मूर्तिपूजक प्रन्यास संत चंद्रशेखर जी ने कहा, "आज वह चंद्रशेखर मर चुका है, जो तेरापंथ का कट्टर विरोधी हुआ करता था। श्री महाप्रज्ञ के साहित्य को पढ़ने के बाद मेरा सारा विरोध निरस्त हो गया। इसके पढ़ने के बाद मुझे लगा, यह साहित्य मानवीय प्रतिभा से निसृत नहीं हुआ है, अपितु इसके पीछे दैविक शक्ति कार्य कर रही है।"

आचार्य श्री महाप्रज्ञ जी का प्रारंभिक रचनाकाल संस्कृत- प्राकृत में ही था। उस समय राजस्थान में हिंदी का प्रचलन कम था। राजस्थानी- प्राकृत व संस्कृत का अध्ययन ही उचित समझा जाता था। आपके साहित्य सृजन की कुछ पुस्तकों की जानकारी दे रहा हूं।

अहिंसा

आचार्य श्री महाप्रज्ञ जी ने अपनी जो पहली हिंदी रचना की, वह अहिंसा के ऊपर जैन धर्म तेरापंथ के सिद्धांतों का विवेचन था। इस पुस्तिका में अहिंसा के संबंध में नवीन विचार प्रकट किए गए थे। प्रश्न आया - अहिंसा अभावात्मक शब्द है मूल भाव तो हिंसा ही है। हिंसा तब नहीं होती तब अहिंसा होती है।

आचार्य महाप्रज्ञ जी ने इसके उत्तर में लिखा - अहिंसा के बारे में समाज में अत्यंत गलत धारणाएं प्रचलित हैं। हिंसा तीन प्रकार की होती है - आरंभजा हिंसा, प्रतिरोधजा हिंसा और संकल्पजा हिंसा।

आरंभजा हिंसा - जीवन यापन के लिए हमें अनेक कर्म करने पड़ते हैं। जिसमें जाने-अनजाने हिंसा हो ही जाती है। किसान खेती करता है, तो मिट्टी में कितने सूक्ष्मजीवों का नाश होता है, किंतु किसान यदि खेती ना करें, अनाज ही पैदा ना हो और हमारा जीवन चलना ही असंभव हो जाए, तो ऐसी हिंसा को आरंभजा हिंसा कहते हैं। जिसका दोष नहीं लगता।

दूसरा प्रकार है प्रतिरोधजा हिंसा, समाज में विद्यमान असामाजिक तत्वों के दमन के लिए यदि व्यवस्था न हो तो दुष्टों की बाढ़ आ जाएगी। सज्जन संकटग्रस्त हो जायेंगे। राष्ट्र की रक्षा के लिए सैनिक प्रतिरोध न करे तो विकट स्थिति आ जायेगी। ऐसी हिंसा का दोष नहीं लगता।

तीसरा प्रकार है -संकल्पजा हिंसा, संकल्पपूर्वक निरपराध प्राणियों का वध करना, अनावश्यक जीव हिंसा करना, इस हिंसा को रोकना होगा।

आचार्य श्री महाप्रज्ञ जी का स्पष्ट मत था कि 'अहिंसा, शांतिमय जीवन का अनिवार्य तत्व है। हिंसा किसी भी समस्या का स्थाई समाधान नहीं है। जैसे हिंसा का प्रशिक्षण हो रहा है, वैसे ही अहिंसा के प्रशिक्षण की आवश्यकता है। प्रत्येक चेतना में अहिंसा के बीज हैं, जरूरत है उनको जागृत करने की।

भूख, गरीबी, बेरोजगारी से अहिंसा की अपेक्षा नहीं की जा सकती। हिंसा का मूल कारण है लोभ की प्रवृति, संग्रहण की प्रवृति। हिंसा के मूल कारण को हल करके ही अहिंसक समाज की स्थापना की जा सकेगी।

अहिंसा, अहिंसा का तत्व दर्शन, अहिंसा के अछूते पहलू, पुस्तकें अहिंसा के नए-नए आयाम उद्घाटित करते हैं।

जीव - अजीव

आचार्य श्री महाप्रज्ञ जी ने जैन तत्व दर्शन के ऊपर आपकी प्रथम पुस्तक 'जीव - अजीव'

का निर्माण किया, जिसमें सरल शब्दों में जैन पच्चीस बोलों को समझाया गया है। यह कीर्तिमान सृजक पुस्तक ईस्वी सन् १९४५ में प्रकाशित हुआ, आज भी उतना ही लोकप्रिय है। पच्चीस बोल जैन तत्व का प्रवेश द्वार माना जाता है।

जैन दर्शन मनन और मीमांसा

ये आचार्य श्री महाप्रज्ञ जी की कलजयी रचना है। मात्र ३१- ३२ वर्ष की आयु में जैन दर्शन के मौलिक तत्व, जैन इतिहास, प्रमाण मीमांसा, ज्ञान मीमांसा, आचार मीमांसा और तत्व मीमांसा का विशद वर्णन है। १००० पृष्ठों का यह ग्रंथ जैन तत्व व दर्शन को समग्र रूप से प्रगट करता है। इस पुस्तक के संबंध में श्री कैलाश चंद्र शास्त्री जो कि दिगंबर जैन विद्वान थे, उन्होंने लिखा - 'आचार्य श्री महाप्रज्ञ जी ने अनेकांत की शैली को आधार बनाकर लिखा है। जैन दर्शन - मनन और मीमांसा पुस्तक के अंतर्गत दिगंबर - श्वेतांबर परंपरा के संदर्भ में जैन धर्म के इतिहास में लिखा गया है। आपने अपनी बात कहने में कहीं कोई कमी नहीं रखी, पर वह इस ढंग से कही है कि हमें उसका एक शब्द भी नहीं अखरा।'

भिक्षु विचार दर्शन

तेरापंथ के आधप्रवर्तक आचार्य श्री भिक्षु की जीवनी एवम् उनके विचारों को आपने युगीन भाषा में प्रस्तुत किया। आचार्य भिक्षु के मूल सिद्धांत (जो कि भगवान महावीर ने बताए थे)

1. शुद्ध साध्य के लिए शुद्ध साधन होना अनिवार्य है।
2. बड़े जीवों को बचाने के लिए छोटे जीवों की हिंसा भी हिंसा है, अहिंसा नहीं।
3. दान - दया के संबंध में आचार्य भिक्षु के विचार क्रांतिकारी थे,भिखारी आदि को दिया दान लौकिक दान है, आत्मिक कल्याण का दान नहीं।
4. धर्म भगवान की आज्ञा है, आज्ञा के बाहर नहीं।
5. वीतराग धर्म का स्पष्ट मत है न किसी से राग न किसी से द्वेष।भिक्षु विचार दर्शन पुस्तक पढ़कर प्रसिद्ध विद्वान श्री सतकोड़ी मुखर्जी ने कहा, "यदि आचार्य भिक्षु का जन्म जर्मनी में होता तो उनका महत्त्व सैमुअल कांट से अधिक होता।"

प्रकाशन के ६२ वर्ष बाद भी यह पुस्तक आचार्य भिक्षु के विचारों का प्रतिनिधि ग्रंथ है। अब तक इसके १२ से अधिक संस्करण प्रकाशित हो चुके हैं। यह पुस्तक अपने आप में इतनी परिपूर्ण है कि प्रथम संस्करण में कोई प्रवर्धन या संशोधन नहीं किया गया है।

अणुव्रत की दार्शनिक पृष्ठभूमि

अणुव्रत आंदोलन, नैतिक शुद्धि एवम् समाज व्यवस्था सुधार का आंदोलन है। इसके प्रारंभ काल में इसका दार्शनिक पक्ष स्पष्ट करने के लिए इस पुस्तिका की रचना की। इसमें नैतिकता, अहिंसा, व्रत, वृत्ति सुधार की आवश्यकता क्यों, स्वस्थ समाज रचना के सूत्र, अणुव्रत और साम्यवाद आदि विषयों को सहज सरल शब्दों में प्रस्तुत किया है।

श्रमण महावीर

भगवान महावीर निर्वाण २५०० शादाब्दी पर आपने भगवान महावीर का शोधपूर्ण जीवन चरित्र लिखा। आपने पुस्तक में लिखा - भगवान महावीर उत्थान - कर्म - बल पुरुषार्थ एवम् पराक्रम के प्रयोक्ता थे।

मासिक पत्र तीर्थंकर ने जनवरी, 1975 के अपने अंक में श्रवण महावीर की समीक्षा लिखी - 'मुनि नथमल जी ने श्रमण महावीर लिखकर हम सब पर बहुत उपकार किया है। उन्होंने गहरी शोधपूर्ण दृष्टि से इस ग्रंथ की रचना की है। जितने आधार ग्रंथ, सूत्र, आलेख मिल सकते थे दिगंबर और श्वेतांबर परंपरा के, इन सबका उन्होंने अध्ययन किया। २५० प्रामाणिक स्रोतों का सहारा लिया। और केवल इतना ही होता तो श्रवण महावीर केवल एक शोध ग्रंथ बनता, परंतु लेखक ने इस जीवन ग्रंथ में प्राण डाले हैं। इसमें आप महावीर का जीवन इतिहास ही नहीं पढ़ते, बल्कि महावीर अपने महान जीवन मिशन में जिस तरह सीढ़ी दर सीढ़ी आरोहण करते गए, अपने ही अंतर की बाधाओं से लड़ते गए, तप को निखार दे गए और इस शोध साधना में उनके हाथ मनुष्य की मुक्ति का जो अमृत आता गया- इन सबका चलचित्र मुनि नथमल जी ने प्रस्तुत किया है।

इसी तरह मासिक पत्र श्रमण ने जनवरी, 1975 के अपने अंक में लिखा- पुस्तक की सबसे बड़ी विशेषता यह है कि लेखक ने भगवान महावीर के जीवन से संबंध उपलब्ध घटनाओं या कथाओं को वैचारिक एवं प्रायोगिक परिपार्श्व में उद्घाटित किया है। जिससे उन्हें सात्विक स्वरूप प्रदान करने में, व्यापक जीवन स्पर्शी वातावरण मिल जाता है। मुनि नथमल जी की दृष्टि गहरी है, अध्ययन विशाल है। उनकी इस कृति में भक्त और दार्शनिक, अनुगामी और आलोचक, श्रद्धालु और समीक्षक का पदे-पदे दर्शन होता है।

श्रमण महावीर लिखने में आपने अपनी प्रज्ञा से कुंदकुंद चार्य एवम देवर्धिगणी क्षमाश्रमण से मानसिक संपर्क किया। भगवान महावीर के बाल्य काल और साधना काल की चित्रित अतिशयोक्तियों को भी सही स्वरूप में प्रस्तुत किया।

धर्मचक्र का प्रवर्तन

आचार्य श्री तुलसी के शासन के ५० वर्ष पूर्ण होने पर अमृत महोत्सव मनाया गया। इस अवसर पर आचार्य महाप्रज्ञ जी ने आचार्य श्री तुलसी की शोधपरक समाविष्ट जीवनी लिखी। आचार्य श्री तुलसी के साधना काल के आरोह् - अवरोह का घटना क्रम है। आचार्य श्री तुलसी नवीन और प्राचीन विचार के संधि पुरुष थे, आपने तेरापंथ और जैन धर्म को एक नया उन्मेष दिया। मानव धर्म के रूप में अणुव्रत का अवदान दिया। आचार्य श्री महाप्रज्ञ जी लिखते हैं कि मानवता के हजारों वर्ष के इतिहास में किसी सम्प्रदाय विशेष के आचार्य ने इतना कार्य किया हो, संप्रदायतीत होकर - ऐसा मैंने न कहीं पढ़ा है, न सुना है।

संबोधि

संस्कृत श्लोकों से रचित, हिंदी विवेचना है। इसके १६ अध्याय है और ७८६ श्लोक। इसे जैन गीता भी कहा गया। भगवान महावीर के जीवन का एक प्रसंग - मेघकुमार (राजा श्रेणिक का पुत्र) जो दीक्षा की प्रथम रात्रि में ही संयम से विचलित हो जाता है, भगवान उसे प्रातः संबोध देकर, पुनर्जन्म की स्मृति करवा कर संयम में स्थिर करते हैं। आचार्य महाप्रज्ञ जी ने इस रचना को दो भागों में पूरा किया। प्रथम ८ अध्यायों की रचना १९५३-५५, दूसरे ८ अध्यायों की रचना १९५९- ६० में हुई। आचार्य महाप्रज्ञ की इस रचना पर आचार्य रजनीश जो बाद में ओशो के नाम धारण किए का एक पत्र उल्लेखनीय है, मैं मुनि नथमल जी रचित संबोधी को देखकर अत्यंत आनंदित हुआ हूं। जगत में कुछ शाश्वत है, कुछ सामयिक है, जो सामयिक है, वह निरंतर शाश्वत को आच्छादित कर देता है। इसलिए शाश्वत को पुनः पुनः उद्घोषित करना होता है।

सामयिक नित्य नवीन है। शाश्वत सदा सनातन है।

सामयिक रोज आता है, रोज खो जाता है। शाश्वत न आता है न खोता है। वह आकाश की भांति नित्य उपस्थित है और सामयिक के धुएं में आंखें बंद न हो गई हों, तो उसे किसी भी क्षण देखा जा सकता है।

संबोधी में इस शाश्वत आकाश के दर्शन और उद्घोषणा से ही मैं आनंदित हुआ हूं।

प्रभु मुनि श्री नथमल जी को शक्ति और प्रकाश दें कि उनसे इस दिशा में और भी कार्य बन सके।

मनुष्य की जड़ें शाश्वत की भूमि से विछिन्न हो गई हैं। यही आज के युग का दु:ख है। उन्हें वापस शाश्वत में स्थापना देनी है। उसी मार्ग से एक नए मनुष्य और नई मानवता का जन्म हो सकता है। इसीलिए शाश्वत की दिशा में किए गए प्रयासों का मैं स्वागत करता हूं।

रजनीश का प्रणाम!

जैन योग

जैन धर्म में लुप्तप्राय योग एवम् ध्यान पद्धति को पुन: प्रकट करने का भागीरथी कार्य आचार्य श्री महाप्रज्ञ ने किया। आचार्य श्री महाप्रज्ञ ने पुस्तक की भावना में बताया - 'जैन आगमों के गंभीर अध्ययन से हर कोई अनुभव करेगा कि उसमें ध्यान की प्रचुर सामग्री है। ध्यान परंपरा की विस्मृति और अभ्यास के अभाव में उसका मूल्यांकन नहीं हो पा रहा है। ध्यान साधना के लिए आयारो व आचारंग का प्रथम शुत स्कंध पर्याप्त है। इसमें विपश्यना या प्रेक्षा के तत्व बहुत स्पष्टता से प्रतिपादित हुए हैं। इस पुस्तक में जैन योग (मुक्ति मार्ग या संवर सूत्र) का प्राचीन रूप नए संदर्भों में प्रस्तुत किया गया है। जैन योग में चक्रों का क्या स्थान है? यह प्रश्न बहुत बार पूछे जाते हैं, साथ भी अनुत्तरित भी रहते हैं। अनुत्तरित प्रश्नों का उत्तर खोजने का भी विनम्र प्रयत्न जैन योग पुस्तक में किया गया है।

आभामंडल

प्रत्येक व्यक्ति के चारों ओर एक प्रकाश का वलय होता है, जिसे हम आभामंडल (aura) कहते हैं। इसे रंगों का ध्यान (colour meditation) कहते हैं। इसमें शरीर-मन के स्तर पर भावना शुद्धि से समस्या समाधान बताया है। यदि हम क्रोध की अवस्था में हैं, हमारे चारों ओर काले या मालिन रंग के वलय बनेंगे। प्रमोद भाव में हैं तो नीले या प्रफुल्लित रंग के वलय बनेंगे। स्वयं का आभामंडल कैसे देखे? इसका भी उत्तर इस पुस्तक में है।

चेतना का उध्वरोहण

पुस्तक का प्रारंभिक वाक्य है- "हम मनुष्य है और चेतना हमारी विशेषता है।" चेतना का विकास शरीर के माध्यम से होता है। मनुष्येत्तर प्राणियों की चेतना नीचे की ओर प्रवाहित होती है, काम केंद्र की ओर प्रवाहित होती हैं। यह चेतना का निम्न अवतरण है। मनुष्य इस दिशा की बदल सकता है। कामकेंद्र की ओर जाने वाली चेतना को ज्ञान केंद्र की ओर ले जा सकता है।

मानवीय कृतत्व को प्रभावित करने वालों में कर्म भी एक तथ्य है, किंतु पुरुषार्थ कर्म को प्रभावित करता है और उसे बदल देता है। इसमें चेतना के उध्वारोहण की प्रक्रिया, किस तरह से पुरुषार्थ से चेतना रूपांतरित होती है, आदि विषयों पर चर्चा की गई है।

कर्मवाद

आचार्य महाप्रज्ञ जी के शब्दों में कर्म हमारे अतीत का लेखा जोखा है। अध्यात्म की व्याख्या कर्म सिद्धांत के बिना नहीं हो सकती। कर्म चौथा आयाम है। लंबाई, चौड़ाई और ऊंचाई इन तीन आयामों से हम परिचित हैं। कर्म शास्त्र में चौथे आयाम की बात पहले से स्वीकृत है- काल की अवधारणा और पांचवां आयाम है अमूर्त। कर्म का संबंध हमारे सूक्ष्म शरीर से है।

कर्मवाद पुस्तक में आचार्य श्री महाप्रज्ञ जी ने कर्म की रासायनिक प्रक्रिया, कर्म का बंध, मोह कर्म, अतीत से बंधा वर्तमान, अतीत से मुक्त वर्तमान, अतीत को पढ़ो : भविष्य को देखो, आदि विषयों से कर्म सिद्धांत को समझाया है।

मन के जीते जीत

पुस्तक के आरंभ का पैराग्राफ पुस्तक का सार प्रस्तुत कर देता है, जैसे महाप्रज्ञ जी अक्षर पुरुष हो गए।

"मन का प्रश्न बहुत उलझा हुआ है। हजारों वर्षो से उलझा हुआ आ रहा है और भविष्य में कब सुलझेगा, पता नहीं। जिन लोगों ने मन को समझा और उसे देखा, उनका भ्रम समाप्त हो गया। जो मन को नहीं समझ पाए, उसे नहीं देख पाए, वे मन को जीतने के प्रश्न पर ही उलझे रहे। जीतने की भाषा लड़ाई की भाषा है। लड़ाई में जीत और हार- दोनों की संभावना रहती है। मन से लड़ने वाला संभव है जीत जाए, और यह उतना ही संभव है कि वह हार जाए। निश्चयपूर्वक कोई नहीं कह सकता कि मन से लड़ने वाला मन को जीत लेता है। मन की उपेक्षा करने वाला, उसे देखने वाला तटस्थ होता है, मध्यस्थ होता है। उपेक्षा की बात कितनी बड़ी होती है, उसे कोई नहीं झेल सकता। मन भी उसे नहीं झेल सकता और वह किसी लड़ाई के बिना अपने आप पराजित हो जाता है।

देखें और सोचें, शरीर को साधें, न करने का मूल्य, न बोलने का मूल्य, न सोचने का मूल्य, स्थूल से सूक्ष्म की यात्रा, शरीर बोध की अपेक्षा, आहार: अनहार। इन सब विषयों के माध्यम से मन की उपेक्षा कर उसे जीतने की प्रक्रिया बताई है।

एकला चलो रे

एकला चलो रे ग्रंथ में आचार्य श्री महाप्रज्ञ जी लिखते हैं यह प्रयत्न है कि व्यक्ति समूह के बीच में रहता हुआ अपने अकेलेपन का अनुभव करे और समूह की अस्मिता की स्वीकृति व्यक्तित्व की प्रतिकृति से जन्म ना ले। मनोबल की कमी व्यक्ति को समूह में अकेला बना देती है जिसका मनोबल प्रबल होता है वह अकेले में भी समूह जैसा अनुभव करता है।

एकला चलो रे पुस्तक व्यक्ति और समुदाय के संबंधों को प्रस्थापित करती है। आचार्य श्री महाप्रज्ञ जी की स्व - कथा पुस्तक में लिखा है- व्यक्ति को समुदाय से भिन्न कहने में कठिनाई का अनुभव कर रहा हूं। इसलिए कि जल राशि से भिन्न जल कण, अपना अस्तित्व नहीं रख पाता। समुदाय को व्यक्ति से भिन्न कहने में भी सरलता का अनुभव नहीं हो रहा है। इसीलिए की जलराशि से भिन्न जल कण की अपनी कोई अस्मिता नहीं है। व्यक्ति और समुदाय दोनों को एक कहने में भी समस्या का समाधान नहीं है। इसलिए कि जल कण पर कभी जलपोत नहीं तैरते और जलराशि कभी सिर पर नहीं उठाई जा सकती। सरल मार्ग यही है कि जल कण और जल राशि में रहे भेद और अभेद दोनों को एक साथ देखना।

कैसे सोचें

How to think, पश्चिम दर्शन का स्वतंत्र विषय रहा है। आचार्य महाप्रज्ञ जी लिखते हैं - मनुष्य मन वाला प्राणी है। इसलिए वह सोचता है। सोचना मन का काम है। शरीर और मन का परस्पर गहरा संबंध है। शरीर से मन प्रभावित होता है और मन से शरीर प्रभावित होता है। इस पारस्परिक प्रभाव के अध्ययन के आधार पर यह निष्कर्ष निकाला गया कि मनुष्य का चिंतन विधायक या रचनात्मक होता है तब शरीर भी स्वस्थ रहता है। निषेधात्मक चिंतन शरीर में विकृति पैदा करता है। मूर्छा से जुड़ा हुआ सारा का सारा चिंतन निषेधात्मक होता है। मूर्छा की उपशांति के क्षणों में होने वाला चिंतन विधायक बन जाता है।

विधायक चिंतन से सामाजिक और मानवीय संबंधों में सुधार होता है। उसमें विकास और प्रगति का पथ प्रशस्त होता है। निषेधात्मक भावों से सामाजिक और मानवीय संबंधों में कटुता पैदा होती है।प्रगति का पथ अवरुद्ध हो जाता है।

विश्व का समूचा विकास परिवर्तन का विकास है। मनुष्य बाहरी परिस्थितियों को बदलने में बहुत सफल हुआ है। उसे आंतरिक परिस्थिति के बदलाव में उतनी सफलता नहीं मिली है। हृदय परिवर्तन तब घटित होता है जब आंतरिक परिवर्तन होता है। आंतरिक परिवर्तन के तीन अंग हैं - भाव का परिवर्तन, विचार का परिवर्तन और रसायनों का परिवर्तन। भाव,विचार को पैदा करता है। विचार, भाव को पैदा नहीं करता। जैसा भाव वैसा विचार। भाव बदलता है तो विचार भी बदलता है और मन भी बदलता है। जब विचार और मन बदलते हैं तब आंतरिक परिवर्तन प्रारंभ होता है। यहीं से हृदय - परिवर्तन प्रारंभ होता है।

इसमें कैसे सोचें, अभय की साधना - भय के स्त्रोत, प्रतिक्रिया से बचना, परिस्थितिवाद और हृदय परिवर्तन आदि विषयों के माध्यम से समझाया गया है।

महावीर का अर्थशास्त्र

भगवान महावीर अपरिग्रह के प्रस्तोता थे। आचार्य भिक्षु ने स्पष्ट कहा - धन से धर्म नहीं हो सकता। भगवान महावीर के सूत्रों से अपरिग्रह, संविभाग सूत्र, समता के सूत्र के आधार पर आचार्य श्री महाप्रज्ञ जी ने भगवान महावीर के सूत्रों को युगीन अर्थशास्त्रीय भाषा में प्रस्तुत किया। सापेक्ष अर्थशास्त्र का नया विचार दिया।

पुस्तक के आरंभ में आचार्य महाप्रज्ञ जी प्रश्न करते हैं -' केंद्र में कौन - मानव या अर्थ ? आज हर चीज अर्थ प्रधान व मूल्य प्रधान हो गई, व्यक्ति कही पीछे रह गया।

आचार्य श्री आगे लिखते हैं - अर्थशास्त्र आर्थिक समृद्धि का शास्त्र है और अर्थ का सीमाकरण शांति का शास्त्र है। शांति के मूल्य पर यदि आर्थिक विकास होता है तो वह मनुष्य में अशांति ही पैदा करेगा। वर्तमान की अपेक्षा है - आर्थिक आवश्यक्ताओं की पूर्ति और शांति।

महावीर का अर्थशास्त्र यानी कि अनिवार्यता की अनुभूति, उसके सीमाकरण का सिद्धांत और उपलब्ध संसाधनों का प्रकृतिगत उपयोग। इसमें यह प्रश्न भी उठाया है कि क्या केवल आर्थिक समृद्धि ही विकास का पैमाना है। पाठक, जो अर्थशास्त्र में नहीं भी रुचि रखते हैं उनके लिए भी अर्थ के नए आयाम मिलेंगे।

महावीर का पुनर्जन्म

योगक्षेम वर्ष में उत्तराध्यन सूत्र के आधार पर आचार्य श्री महाप्रज्ञ जी की महावीर दर्शन और सत्य पर एक प्रवचन माला चली और उसे महावीर का पुनर्जन्म शीर्षक से प्रकाशित किया गया।

आचार्य श्री महाप्रज्ञ जी लिखते हैं- महावीर अतीत नहीं हैं, वर्तमान हैं। क्योंकि समस्या आज की और समाधान महावीर के विचारों से, यह प्रतीत कराता है महावीर कभी अतीत हुए ही नहीं। महावीर के दर्शन और सत्य पर एक जो सघन आवरण आता हुआ-सा दिखाई दिया। युगधारा बदली। वैज्ञानिक युग का प्रवर्तन हो गया। प्रतीत हुआ - महावीर का दर्शन प्रासंगिक हो गया। प्रासंगिकता इतनी बढ़ी कि उसने महावीर के पुनर्जन्म की अनुभूति के स्तर पर रेखांकित कर दिया। वर्तमान अतीत बनता है यह सामान्य अवधारणा है। वैज्ञानिक अवधारणा यह भी है, अतीत फिर वर्तमान बनता है। अपने विचारों के स्तर पर महावीर का पुनर्जन्म हुआ।

आचार्य महाप्रज्ञ जी की सदैव सोच रही, आध्यात्मिक वैज्ञानिक व्यक्तित्व निर्माण की। आज का वैज्ञानिक युग बिना तर्क, प्रमाण के कोई बात स्वीकार नहीं करता। भगवान महावीर के विचारों का वैज्ञानिक दृष्टिकोण से प्रस्तुतिकरण है - महावीर का पुनर्जन्म पुस्तक में।

लोकतंत्र : नया व्यक्ति : नया समाज

शासन की अनेक प्रणालियां हैं। राज तंत्र, साम्यवाद, लोकतंत्र, समाजवाद इत्यादि। लोकतंत्र शासन की सर्वश्रेष्ठ प्रणाली मानी जाती है, लेकिन इस प्रणाली के भी कुछ गुण - दोष हैं।

लोकतंत्र सही अर्थ में वहां हो सकता है जहां शिक्षा, नैतिकता, ईमानदारी, सह अस्तित्व और आत्मानुशासन हो भ्रष्टाचार, अपराध, आतंक में लोकतंत्र का गला रुंध जाता है। इन्हीं सब समस्यों को लेकर आचार्य श्री महाप्रज्ञ की पुस्तक आई 'लोकतंत्र : नया व्यक्ति : नया समाज'।

श्री लालकृष्ण आडवाणी ने इस पुस्तक के बारे में कहा - लोकतंत्र के बारे में विश्व की श्रेष्ठतम पुस्तकों में से यह एक है।

श्री टी. एन. शेषण ने कहा - लोकतंत्र और चुनाव की जिन समस्याओं से देश जूझ रहा है, उनका समाधान मुझे इस पुस्तक में मिला है।

समयसार : निश्चय और व्यवहार की यात्रा

एक जैन आचार्य ने दूसरे जैन आचार्य के अनुरोध को मान देते हुए, दूसरी परंपरा के शिखर पुरुष की वाणी पर दिए गए प्रवचन की निष्पति है - समयसार : निश्चय और व्यवहार की यात्रा।

अक्टूबर १९८७ दिगंबर परंपरा के आचार्य विद्यानंद जी के अनुरोध पर, श्री कुंदकुंदचार्य की द्विसहस्त्रब्दी पर समय सार, ग्रंथ पर १७ प्रवचन किए। यह इतिहास विरल घटना तो है ही, साथ ही साथ आचार्य महाप्रज्ञ जी के असंप्रदायिक दृष्टिकोण का प्रमाण है, उनके अध्ययन की गहराई को भी बताता है।

प्रसिद्ध जैन पत्रिका 'तीर्थंकर' ने इस ग्रंथ की समीक्षा करते हुए लिखा - अब तक प्रकाशित समयासर पर ग्रंथों में यह सर्वोत्तम है क्योंकि इसका मुख्य लक्ष्य अध्यात्म का सहज - सुबोध रसास्वादन है, न कि किसी मत को सिद्ध करना। कृति का एक-एक शब्द, एक-एक वाक्य मन को छूता है, अंतर्दृष्टि को निर्मलता प्रदान करता है।

गीता : संदेश और प्रयोग

आचार्य श्री महाप्रज्ञ जी की प्रखर मेघा ने अध्यात्म - योग - दर्शन के प्रत्येक क्षेत्र में साधिकार लिखा, और कहा- भारतीय दर्शन की प्रमुख पुस्तक है - भगवान श्री कृष्ण द्वारा उपदेशित - श्री मद भागवत गीता। वर्तमान समस्याओं के संदर्भ में गीता के उपदेशों की प्रासंगिकता का विश्लेषण इस पुस्तक में है।

एक जैन मनीषी, गीता की इतनी सुंदर व्याख्या करे, यह सचमुच ज्ञान के उतंग शिखर को छूने जैसा है।

आपने कविता, गीतिकाएं, संस्मरण साहित्य, कथा साहित्य, हिंदी महाकाव्य, बाल साहित्य इत्यादि सभी विधाओं में साहित्य सृजन किया। उपरोक्त वर्णित पुस्तकों के अतिरिक्त आपकी प्रमुख पुस्तकों की सूची है-

1. The family and the Nation - co writer dr.a.p.j.abdulla kalam
2. किसने कहा मन चंचल है
3. मैं : मेरा मन : मेरी शांति
4. जीवन विज्ञान
5. अमूर्त चिंतन
6. चित्त और मन
7. जैन न्याय का विकास
8. घट घट दीप जले
9. नया मानव: नया विश्व
10. ऋषभायण

11. महाप्रज्ञ ने कहा - (प्रवचन संग्रह ४८ भागों में)
12. अपने घर में
13. मैं हूं अपने भाग्य का निर्माता
14. तेरापंथ दर्शन दिग्दर्शन
15. महाप्रज्ञ की कथाएं - पांच भाग
16. महावीर की साधना का रहस्य
17. एसो पंचणमोक्करो
18. मनन और मूल्यांकन
19. प्रेक्षा ध्यान
20. आमंत्रण आरोग्य को
21. अहिंसा और शांति
22. जैन दर्शन और अनेकांत
23. अनुभव का उत्पल
24. समय के हस्ताक्षर
25. गूंजते स्वर : बहरे कान
26. बंदी शब्द : मुक्त भाव
27. संभव है समाधान
28. प्रतिदिन
29. मंत्र एक समाधान
30. शक्ति की साधना
31. भक्तांबर अंतस्थल की साधना
32. महावीर का स्वास्थ्य शास्त्र
33. अक्षर को प्रणाम
34. अणुव्रत दर्शन
35. अतीत का वसंत - वर्तमान की सौरभ
36. अतुला तुला

37. अनुभव चिंतन मनन

38. अनुशासन के सूत्र

39. अनेकांत है तीसरा नेत्र

40. अप्पाणं शरणम् गच्छामि

41. अवचेतन मन से संपर्क

42. अहिंसा समवाय

43. आचार्य श्री तुलसी: जीवन और दर्शन

44. तुलसी यशो विलास

45. ऋषभ और महावीर

46. एकांत में अनेकांत : अनेकांत में एकांत

47. जैन और बौद्ध

48. नस्ति का अस्तित्व

49. पर्यावरण : समस्या और समाधान

50. मेरी दृष्टि : मेरी सृष्टि

51. मैं कुछ होना चाहता हूं।

52. गाथा परम विजय की

53. पहचान जैन श्रावक की

54. सुबह का चिंतन

55. आस्थोपनिषत्

आचार्य श्री महाप्रज्ञ जी द्वारा रचित साहित्य की संपूर्ण सूची ३०० से अधिक पुस्तकों की है। सम्पूर्ण साहित्य जैन विश्व भारती लाडनूं में उपलब्ध है। संबोधि ऐप पर भी आचार्य श्री महाप्रज्ञ जी की पुस्तक ऑनलाइन पढ़ सकते हैं। आपके साहित्य का अंग्रेजी, गुजराती, मराठी, बंगाली, तमिल, तेलुगू, जापानी आदि अनेक भारतीय और अंतर्राष्ट्रीय भाषाओं में अनुवाद हुआ।

आचार्य श्री महाप्रज्ञ जी के साहित्य को पढ़कर आपको किसी ने आधुनिक विवेकानंद कहा, किसी ने जैन दर्शन के राधाकृष्णन। आचार्य श्री तुलसी ने कहा - महाप्रज्ञ कैसे - महाप्रज्ञ जैसे।

*****

www.ingramcontent.com/pod-product-compliance
Ingram Content Group UK Ltd.
Pitfield, Milton Keynes, MK11 3LW, UK
UKHW041821200726
13854UKWH00001BA/430

9 789355 846426